Gerhard Henschel

Freude am Schach

Bertelsmann Ratgeberverlag

Illustriert von Heinz Fechner

Nach der Weltmeisterschaft Reykjavik 1972 neu bearbeitet.

© Verlagsgruppe Bertelsmann GmbH/
Bertelmann Ratgeberverlag, München, Gütersloh, Wien 1959, 1973/2 · 4 3 2 1
Gesamtherstellung Mohndruck Reinhard Mohn OHG, Gütersloh
Alle Rechte vorbehalten · Printed in Germany
ISBN 3-570-08991-6

INHALT

LEBENDIGES SCHACH

Mehr als tausend Jahre nach den weltbekannten Eroberungs-
zügen Alexanders des Großen standen die Heere Moham-
meds III. fast eine halbe Jahresreise von ihrem Heimat-
land entfernt in Turkestan und Ostchina, um die damals
bekannte Welt dem Islam zu unterwerfen, wie es Mohammed,
der Prophet, gebot. Da brach unter den Großwesiren des
Schahs, die zwei Heeresgruppen am Rande des riesigen
Reiches der Mitte in der Nähe des heutigen Kungur vereinigt hatten, ein heftiger Streit aus. Jeder von ihnen bean-
spruchte das Recht für sich, den mächtigen Statthalter des
Kaisers von China, den Großmandarin von Urumtschi, der
die Zugänge zum Reich der Mitte kontrollierte, zu unterwerfen. Keiner gönnte dem anderen den Ruhm und die
ewige Glückseligkeit, die mit diesem Auftrag verbunden
war.
Immer heftiger wurde der Streit, und nur der Zorn Allahs
konnte das Schlimmste verhindern. Er schleuderte eine
riesige Felslawine in das Tal der Kaschgar und trennte so die
beiden Heere voneinander. Da einigten sie sich, die Entscheidung des Schahs abzuwarten.

Nach einigen Monaten kehrten die Boten zurück, begleitet von zwei Herolden des Schahs, die darüber zu wachen hatten, daß der Entscheid, der von ihnen verkündet wurde, streng befolgt wurde. Sie beriefen die beiden Heerführer in ihr Zelt, das zwischen den streitenden Heerlagern errichtet worden war, und öffneten die versiegelte Botschaft des Schahs. Gebannt lauschten die beiden Großwesire den Worten des Herolds, der den Willen des mächtigsten Herrschers der damaligen Zeit verkündete: Nach einer langen Würdigung der Verdienste beider Heerführer tadelte der Schah ihre eitle Unbesonnenheit, die Allah und ihn empört habe, doch wolle er ihnen großzügig verzeihen. Allein, er könne keinen vor dem anderen bevorzugen. Deshalb habe er eine besondere Entscheidung getroffen: ein Schachwettkampf möge erweisen, wem Allah genug Umsicht und Weisheit verliehen habe, um die Fahne des Propheten nach Osten zu tragen. Der Verlierer aber, so schloß die Botschaft, wird der untergehenden Sonne folgen.

Wer aus diesem Schachturnier als Sieger hervorgegangen ist, wissen wir nicht. Die Legende gibt darüber keine Auskunft. Wir wissen aber, daß es dem damaligen Großwesir gelungen ist, große Teile Ostchinas, insbesondere die Dsungarei, dem Islam zu unterwerfen. Und wir wissen, daß ein solches Schachturnier nichts anderes war als eine Art strategischer Übungsplan, ein Generalstabsplan, der von der Idee aus-

ging, daß sich zwei Gegner unter materiell gleichen Ausgangs-
bedingungen treffen und schließlich nur der den Sieg er-
ringen würde, der durch geistige Überlegenheit und kalt-
blütige Umsicht dem anderen überlegen ist.

Freilich hat sich das Schachspiel im Laufe seiner 2000 jährigen Geschichte verändert. Der strategische Übungsplan ist
zum Spiel geworden, zum Wettkampf. Aber das Faszinie-
rende daran ist geblieben: ein Kampf unter gleichen Voraussetzungen, die Freude am offenen Spiel sich immer wieder
übertreffender Einfälle und Ideen, der Mut zum Wagnis und
vor allem: das Meistern der Spannung.

Nicht der Sieg ist das Entscheidende, sondern die Freude am
spannenden Spiel, das, wie ein Großmeister mit Recht sagt,
die Fähigkeit hat, glücklich zu machen.

DIE GRUNDREGELN DES SPIELS

Sehen wir uns nun einmal das Spiel an. Es ist gar nicht so
schwer zu erlernen, wie oft fälschlich angenommen wird.
Selbst eine Partie aufzuschreiben und nachzuspielen, ist einfach, wenn man sich die Zeichen für die Brettsteine merkt
und die Grundregeln lernt.

Jede Partei hat 16 Figuren, die auf dem Schachbrett in
Grundstellung aufgestellt werden.

Die weißen Figuren:			*Die schwarzen Figuren:*		
♔	= König, abgekürzt	K	♚	= König, abgekürzt	K
♕	= Dame, abgekürzt	D	♛	= Dame, abgekürzt	D
♖	= Turm, abgekürzt	T	♜	= Turm, abgekürzt	T
♗	= Läufer, abgekürzt	L	♝	= Läufer, abgekürzt	L
♘	= Springer, abgekürzt	S	♞	= Springer, abgekürzt	S
♙	= Bauer, ohne Angabe		♟	= Bauer, ohne Angabe	

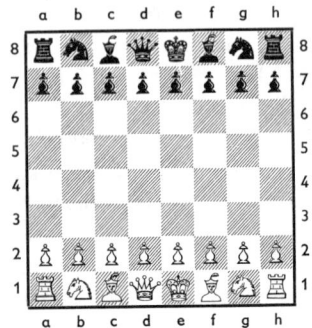

Wie auf der Abbildung zu sehen ist, hat jede Partei 1 König, 1 Dame, 2 Türme, 2 Läufer, 2 Springer und 8 Bauern. Wer die weiße bzw. die schwarze Partei übernimmt, wird ausgelost. *Weiß* hat den ersten Zug, *Schwarz* antwortet usw. Vor Spielbeginn ist zu beachten: Das Brett muß so liegen, daß es im rechten Eck der Grundreihe ein weißes Feld zeigt. Liegt es anders, so ist die Partie ungültig (siehe „regelwidrig" S. 184). Die Damen stehen zu Beginn stets auf der d-Linie, und zwar die weiße auf weißem, die schwarze auf schwarzem Feld.

Ziel der Schachpartie ist, den feindlichen König gefangenzunehmen. Mit dem *Schachmatt* – der Gefangennahme des Königs – ist die Partie beendet und für den „Schachmattbietenden" gewonnen, ganz gleich, wieviel Figuren sonst noch auf dem Brett sind.

Der König ist schachmatt gesetzt, wenn er sich auf keine Weise, weder durch Flucht noch durch Dazwischenziehen einer eigenen Figur oder Schlagen des schachbietenden feindlichen Steines, zu retten vermag.

Kann die feindliche Partei keine Figur mehr ziehen – also auch den König nicht, ohne ihn auf ein bedrohtes Feld rücken zu müssen –, und steht dieser König nicht im *Schach*, so ist die Partie nur *patt*, das heißt, der Kampf ist *unentschieden* – mit dem internationalen Ausdruck *remis*. Aber selbst unentschieden ausgegangene Partien können äußerst spannend verlaufen. Hin und her wogt der Kampf, immer wieder gelingt es, den Angriff abzuschlagen, aber auch der Gegner findet überraschende Wendungen, die den eigenen Vorteil zunichte machen, und schließlich reichen sich die Gegner, erschöpft von den dramatischen Höhepunkten und befriedigt von ihrer Leistung, die Hand zum Friedensschluß. Natürlich ist das nicht die Regel und auch nicht das eigentliche Ziel. Ziel ist und bleibt, den Gegner im fairen Spiel zu überwinden, das heißt, ihn schachmatt zu setzen. Betrachten wir uns zunächst einmal die einzelnen Figuren, wie sie sich bewegen und was sie für den Spieler bedeuten.

♙ Die Bauern ♟

Als hervorragender Schutz des Königs und als Angriffskolonnen haben sie einen Wert, den der Schachspieler von Stufe zu Stufe besser einschätzen lernt, denn ihre richtige Führung entscheidet Eröffnung und Ausgang vieler Partien. – Ihre Bewegungsart ist einfach: Sie rücken von der Grundlinie ein oder zwei Felder nach vorn, je nach dem Willen des Spielers. Ist ein Bauer gezogen worden, kann er jeweils nur *ein* Feld nach vorn rücken. Gelingt es einem Spieler, einen Bauern bis auf die hinterste Linie des Gegners vorzuspielen, so muß er ihn in eine Dame oder eine beliebige andere Figur verwandeln (mit Ausnahme des Königs). Welche Figur der Spieler wählt, steht ihm vollkommen frei. So kann er durch mehrfache Umwandlungen durchaus mehrere Damen, Türme, Springer usw. ins Spiel nehmen.

Der Bauer kann eine feindliche Figur oder einen feindlichen Bauern schlagen, der auf dem Feld schräg rechts oder schräg links vor ihm steht, nicht aber auf dem Feld unmittelbar vor ihm. Geschlagen wird, indem man den Bauern oder die Figur des Gegners von dem Feld entfernt und seinen eigenen Bauern oder die eigene Figur auf dieses Feld stellt. Rückt ein Bauer vor, und auf dem Feld schräg rechts oder schräg links vor ihm befindet sich der feindliche König, so bietet er diesem *Schach,* das der Gegner natürlich abwehren muß.

Eine kunstvoll geschnitzte Bauernfigur aus dem vorigen Jahrhundert (Süddeutschland, um 1850)

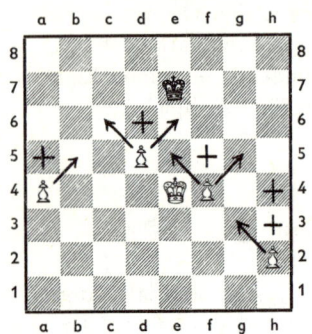

◄ Weiß hat noch 4 Bauern. Auf die mit dem Zeichen + angemerkten Felder könnte ein Bauer im nächsten Zug gezogen werden. Auf diese ↗ Felder könnte der Bauer schlagen, wenn sich auf ihnen feindliche Figuren befänden. In der hier dargestellten Situation (wie sie nur im Endspiel möglich ist) sind die Bauern zu einer fürchterlichen Streitmacht geworden. Der schwarze König kann höchstens einen weißen Bauern schlagen, alle anderen aber ziehen zum gegenüberliegenden Brettrand durch und verwandeln sich in Damen, Springer, Läufer oder Türme. („En-passant-Schlagen" siehe S. 183.)

♖ Die Türme ♜

Sie ziehen *waagerecht* und *senkrecht* über alle acht Felder einer *Reihe* oder *Linie*. Bei ihnen wie bei allen anderen Figuren steht es im Ermessen des Spielers, wie weit er ziehen will, freilich nur, wenn die Reihen oder Linien auch frei sind.

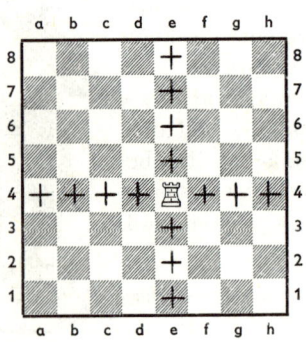

◄ Auf alle mit + versehenen Felder kann ein Turm ziehen. Alle feindlichen Figuren, die auf einem solchen Feld stehen, kann er schlagen. (In früherer Zeit waren die Türme mit „Schutztürmen" bewehrte Elefanten, die, in einer Richtung losgelassen, alles niedertrampelten.)

Lustig-trutzig wirkt dieser Turm. Aufmerksam spähen
die Wächter nach allen Seiten

Der Turm kann weder eigene noch gegnerische
Figuren überspringen, aber feindliche schlagen, indem er sich auf das Feld der geschlage-
nen Figur setzt. Ein Turm kann also beispiels-
weise im ersten Zug überhaupt nicht bewegt
werden, weil er von den eigenen Figuren behindert wird. Später allerdings, bei zunehmen-
der Lockerung und Öffnung des Spieles, gewinnen die Türme, besonders, wenn sie auf
einer Linie zusammenwirken, eine durch-
schlagende Kraft.
Der Turm hat nach dem König und der Dame die höchste
Qualität, das heißt, er hat – besonders im Endspiel – mehr
Wert als ein Springer oder Läufer. Ein guter Spieler wird
deshalb seine Türme nicht zu früh ins Spiel werfen und sie
unnötig Bedrohungen aussetzen. Ein Tausch Turm gegen
Springer oder Läufer lohnt sich nur, wenn man gleichzeitig
seine Stellung *erheblich* verbessern kann, bzw. wenn der
Gegner in den nächsten Zügen als Folge des Tausches noch
andere Figuren verliert.

♗ Die Läufer ♝

Im Gegensatz zu den Türmen sind sie immer an *die* Felder-
farbe gebunden, auf der sie stehen, denn sie ziehen, wie die
Abbildung Seite 16 zeigt, auf den Diagonalen beliebig
viele Felder, und zwar jeweils nur in einer Richtung, soweit
sie nicht (wie schon bei den Türmen erwähnt) von eigenen
oder fremden Figuren behindert werden. Sie sind am leich-
testen zu handhaben und bilden zusammen eine erhebliche
Streitmacht, die früher oder später auf alle Felder des
Brettes einwirken kann.

15

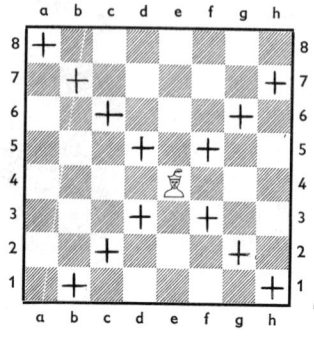

Der Läufer ist ein Symbol für die schnellen Bogenschützen, die seitwärts in die feindlichen Linien einbrechen.

Aber auch aus dem sicheren Hinterhalt heraus greift der Läufer wirkungsvoll in das Spiel ein, und Anfänger übersehen nur zu leicht, daß ein Läufer eine bestimmte Diagonale bestreicht. Fast unangreifbar sind sie im Zusammenspiel mit Bauern, wenn sie sich gegenseitig decken. Oft kann dann nur ein Tausch das Bollwerk brechen. Selbst die außerordentlich wendigen Springer kann der Läufer blockieren (siehe Springer).

♛ Die Dame ♛

Sie vereinigt in sich die Bewegungsfreiheit des Turmes *und* des Läufers und ist daher eine wahrhaft brettumfassende Figur. Freilich kann sie während eines Zuges nur entweder wie ein Turm oder wie ein Läufer ziehen und schlagen.

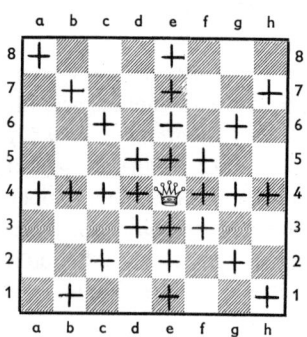

Wie das Stellungsbild zeigt, gibt es kaum Felder, die die Dame nicht beherrscht. Dennoch ist es zweckmäßig, sie nur im Zusammenspiel mit anderen Figuren einzusetzen. Die Dame symbolisiert die größte Macht, den gepanzerten Streitwagen, der zu des Königs besonderer Verfügung stand.

♞ Die Springer ♞

Sie sind, wenn auch nicht die mächtigsten, so doch die interessantesten Figuren. Ihre Bewegungsweise ist durch den Rösselsprung bekannt geworden: Sie springen von ihrem Feld zwei Schritte nach vorn und einen Schritt zur Seite. Dabei können sie – *als einzige Ausnahme – über die eigenen und auch über die gegnerischen Figuren hinwegspringen*. Ein Springer kann also gleich aus der Ausgangsstellung ziehen. Er ist von großer Wendigkeit und in der Mitte des Feldes von etwas größerer Kraft als ein Läufer. Am Rand des Brettes ist er hingegen recht unbeholfen und kann hier von einem feindlichen Läufer unter Umständen sogar „gefangen"gehalten werden.

Der Springer bedroht einen großen Kreis der Felder und kann so allein einen schwachen Angriff weitgehend abstoppen (Bild rechts). Besonders gefährlich sind die Springer, wenn sie gemeinsam eingesetzt werden oder sich gegenseitig sichern. In diesem Fall gehen Verteidigung und Gegenangriff ineinander über. Ungeschickt ist es dagegen, mit einem *einzelnen* Springer zu große „Ausflüge" zu machen (Bild rechts): Der Läufer hält den Springer gefangen. Ein schönes Beispiel für das Sprichwort „Springer am Rand' ist für den guten Schachspieler eine Schand'!". Freilich, Ausnahmen bestätigen auch hier die Regel.

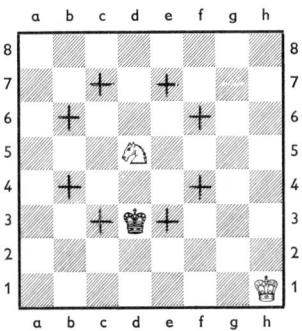

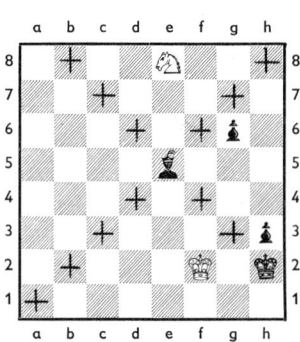

Es sind gerade die Springer, die in vielen Kombinationen
überraschende Wendungen herbeiführen und durch gefürchtete Doppelangriffe Anfänger wie Meister immer wieder
aufs neue verblüffen. Bei einem „Doppelangriff" greift man
mehrere Figuren des Gegners oder gar noch dessen König
mit einem Zuge an. Wenn solche Angriffe vom Gegner nicht
berechnet sind, haben sie meist verheerende Folgen.

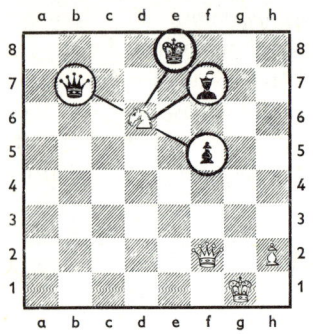 ◄ Wird ein Spieler durch
solchen Doppelangriff über-
rascht, hat er die Partie
schon fast verloren, besonders, wenn Dame und König
gleichzeitig angegriffen werden.

Gerade bei Springerangriffen
ist deshalb die erste Regel:
Stets achtgeben, daß der
Springer nicht im nächsten
Zug zwei wertvolle Figuren gleichzeitig bedrohen kann, keinesfalls aber König und Dame! (Diese Regel gilt natürlich auch
in allen anderen Fällen. So ist es zum Beispiel immer gefährlich, Dame und König hintereinander zu stellen, besonders,
wenn man mit einem Turmangriff rechnen muß.)

♛ Der König ♛

Er ist die Hauptfigur. Um ihn dreht sich schließlich das
ganze Spiel, selbst wenn er in einer Ecke, hinter seinen
Bauern verborgen, meist während des ganzen Mittelspieles
untätig warten muß, wie sich die Schlacht entscheidet. Im
Endspiel allerdings wird er selbst zur recht starken Figur,
die sich in dem Augenblick, wenn nicht mehr viele Figuren
auf dem Brett sind, aus ihrem Schlupfwinkel wagt und mit
Vorsicht und Umsicht auf dem einen oder anderen Flügel
das Spiel selbst in die Hand nimmt.

18

Das Bild rechts zeigt die Zugmöglichkeiten des Königs: +-Felder, die der weiße König beherrscht. ◯-Felder, die der schwarze König beherrscht. ⊕-Felder, die beide Könige beherrschen und auf die infolgedessen keiner der Könige in dieser Stellung ziehen darf.

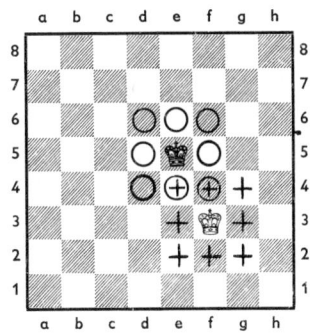

Wie wir sehen, ist – im Gegensatz etwa zum Springer, der im Zickzack springt – die Bewegungsart des Königs denkbar einfach: er zieht und schlägt auf das jeweils nächst angrenzende Feld, ähnlich einer Dame, jedoch jeweils nur ein Feld.

Ausnahmen von der Regel

Auch die Ausnahmen muß man natürlich unbedingt kennen. So zum Beispiel die *lange* und *kurze Rochade*, die jeweils als *ein* Zug gelten, obwohl ausnahmsweise zwei Figuren, nämlich König und Turm, bewegt werden. Die kurze Rochade wird für Weiß und Schwarz so ausgeführt, daß der König neben den rechten Turm zieht und der Turm über den König hinweg auf das linke Feld neben den König zu stehen kommt. Bei der langen Rochade findet die gleiche Bewegung nach der anderen Seite des Brettes statt, jedoch so, daß der König nun *zwei* Felder nach links geht und der Turm sich auf das Feld rechts neben dem König placiert, wie es das Stellungsbild rechts wiedergibt.

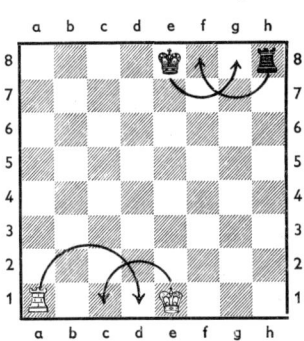

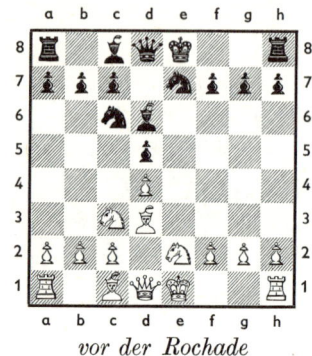
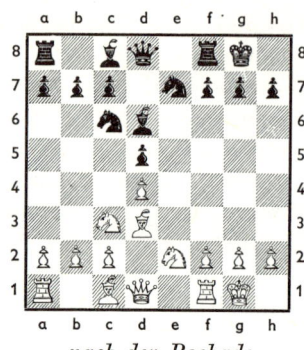

vor der Rochade   nach der Rochade

Die beiden Stellungsbilder zeigen, wie Schwarz und Weiß
während einer Partie die kurze Rochade ausführen. Das
Zentrum beider Parteien ist nun durch Dame *und* Turm
erheblich verstärkt, und der König ist gleichzeitig aus der
gefährdeten Mitte zurückgezogen.

Für diese Züge gibt es folgende Kurzzeichen:

Lange (Große) Rochade: 000   *Kurze (Kleine) Rochade: 00*

Die Rochade kann jeweils nur einmal in einer Partie ausgeführt werden. Voraussetzung ist jedoch, daß der König und
der Turm, mit denen man die Rochade ausführen möchte,
noch nicht gezogen haben. Die Rochade ist natürlich auch nur
dann möglich, wenn die Figuren zwischen König und Turm
die Grundlinie verlassen haben und keine feindliche Figur
ein Feld beherrscht, das der König überschreiten muß oder
einnehmen will. Die Rochade darf ebenfalls nicht stattfin-
den, wenn der König im Schach steht.

Seltener als die' Rochade ist das sogenannte *En-passant-
Schlagen*, das Schlagen im Vorbeigehen. Es besagt nur so
viel, daß ein Bauer, der von der Grundlinie einen Doppelschritt vorrückt, von einem entgegenkommenden feindlichen
Bauern im nächsten Zug so geschlagen werden könnte, als
sei er von der Grundlinie nur einen anstatt zwei Schritt vorgerückt.

Die Feldeinteilung

Um das Schachspiel auch schriftlich festhalten zu können, ist eine ganz einfache Methode entwickelt worden, welche die 64 Felder des Schachbrettes übersichtlich aufteilt.

Die senkrechten Feldlinien werden von links nach rechts mit den Buchstaben a, b, c, d, e, f, g, h gekennzeichnet, die waagerechten Reihen mit 1, 2, 3, 4, 5, 6, 7, 8, so daß jedes Feld eine klare Bezeichnung hat.

In unserem Stellungsbild unten sehen wir wieder die Placierungen der Figuren des Schachspiels in der Grundstellung. Wir greifen die Stellung einzelner Figuren heraus, um sie zu kennzeichnen: So steht z. B. der weiße König (abgekürzt K) auf e1. Die genaue Bezeichnung heißt also Ke1.

Die schwarze Dame steht auf d8. Genaue Ortsbezeichnung also: (Dame abgekürzt D) Dd8.

Diese Bezeichnungsart ist denkbar einfach, und schon nach ein paar Übungen wird es auch dem Anfänger keine Mühe mehr machen, sich hier zurechtzufinden.

Immer beachten, daß Weiß stets auf den Reihen 1 und 2 aufgestellt wird, Schwarz auf den Reihen 8 und 7. Auf den Stellungsbildern ist also Schwarz immer oben, Weiß unten. Der Spieler, der die weißen Figuren führt, wird bei einer Partieaufstellung auch immer entsprechend zuerst genannt, also Könner (Weiß) gegen Tölpel (Schwarz).

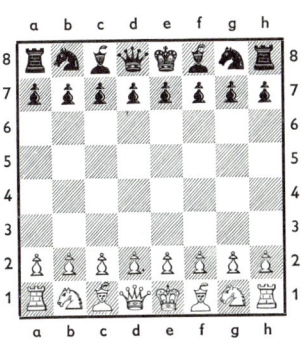

Was ist Schach eigentlich?

Spiel – Wettkampf – Leidenschaft.

Kunst – Wissenschaft – elitäre Beschränkung.

Taktik – Strategie – Aggression.

Selbstvergessenheit – Meditation – Tick.

Denksport – Gedankenarbeit – Monomanie.

Logen- – Club- – (oder) Sektiererbewußtsein.

Freude – Genuß – Nervenkrieg.

Liegt die Faszination des Spieles vielleicht darin, daß all diese Behauptungen stimmen, nur von Spieler zu Spieler mit verschiedenen Akzenten?

Oh – diese Schachspieler!

Ein bekannter Spieler erzählte auf die Frage, wie er eigentlich zum Schachspiel gekommen sei, folgende Geschichte:

Eines Tages wartete ich in einem Stuttgarter Café auf einen Bekannten, dessen Ankunft sich durch dichten Nebel auf der Autobahn verzögert hatte. Am Nebentisch saßen zwei ältere Herren, die eine Partie Schach spielten. Der eine trug eine Brille, während der andere Pfeife rauchte. Ich warf einen Blick auf das Duett, keiner zog eine Figur. Es mochte wohl eine Viertelstunde vergangen sein, als schließlich der Herr mit der Brille den Arm hob, eine der Figuren ergriff und auf ein anderes Feld rückte. Sein Gegner äußerte: „Das hätte ich nicht erwartet!"

„Allerdings, jetzt geht's los! Bin gespannt, wie Sie diesen Angriff abwehren wollen."

Nach zehn weiteren Minuten erfolgte der Gegenzug des Herrn mit der Pfeife, woraufhin sein Gegner die Brille abnahm, sie putzte und dabei murmelte: „Das ist allerdings eine Überraschung!" –

Endlich erschien mein Bekannter, und ich schilderte ihm dieses kleine Erlebnis. „Ja", meinte er, „es ist schon etwas

dran an einem Spiel, in dem sich so viel Spannung verbirgt."
Von ihm habe ich dann die ersten Regeln gelernt. Den beiden
Spielern in dem Stuttgarter Café verdanke ich viele schöne
Stunden meines Lebens.

ERÖFFNUNG UND FORTFÜHRUNG DER PARTIE

Zunächst ziehen die Mittelbauern, um den anderen Figuren
den Weg frei zu machen, damit sie bald in das Geschehen
eingreifen können.

1. Weiß zieht also e2–e4, d. h., der weiße Bauer vor dem
   König zieht zwei Felder nach vorn. Damit hat er der
   Dame und dem Läufer die Linien eröffnet.
   Schwarz zieht e7–e5, d. h., der schwarze Bauer vor dem
   schwarzen König rückt ebenfalls zwei Felder nach vorn.

2. Weiß zieht Sg1–f3. Der weiße Springer auf der Königsseite springt über die Bauernkette auf das Feld f3, wo er
   sofort ins Geschehen eingreift, denn er bedroht den schwarzen Bauern e5, den er im nächsten Zuge schlagen könnte.
   Schwarz beantwortet diesen Zug mit Sb8–c6, womit er
   seinen bedrohten Bauern schützt und gleichzeitig eine
   Figur in den Kampf führt.

Freilich gibt es beim Schach immer eine ganze Reihe von
Möglichkeiten, aber wir wollen hier gleich einen Weg
etwas weiter verfolgen, um zu sehen, wie sich eine einfach
eröffnete Partie entwickelt. Es ist eine wenig bekannte Tatsache, daß die klare Linie besonders in der Eröffnung dem
„raffinierten" Spiel oft überlegen ist, und zwar dann, wenn
man sich auf die Verführungen des Gegners erst einläßt,
wenn man selbst schon mehr Figuren im Spiel hat oder bestimmte Chancen erblickt. Der Anfänger mag gleich davor
gewarnt werden, sich auf Einzelgefechte mit der Dame oder

Bauern eines chinesischen Schachspiels, angeführt von einem Springer.
Wie man sieht, wurden die Bauern als regelrechte Krieger oder Fuß-
soldaten empfunden und die Springer als Reiter

anderen Figuren einzulassen, in der Hoffnung, der Gegner
werde Fehler machen. Das verdirbt die wirkliche Freude am
Spiel, die erst durch ein planvolles Zusammenwirken aller
verfügbaren Kräfte den Schachspieler beflügelt, eben weil er
aus einer Vielzahl von Möglichkeiten im Laufe der Zeit lernt,
sich die beste auszuwählen. Im Anfang empfiehlt es sich
deshalb, Züge zu machen, die der schnellen Entwicklung
der eigenen Figuren dienen und gleichzeitig Angriffe des
Gegners abwehren. Wir folgen also unserer eingangs be-
gonnenen Partie in diesem Sinne:

3. Lf1–c4. Der weiße Läufer zieht auf das Feld c4. Hier hat
   er eine größe Wirksamkeit, weil er schon im nächsten
   Zuge Felder erreichen kann, die auf der Spielfeldhälfte des

Gegners liegen, u. a. das Feld f7, das nur (ähnlich wie das Feld f2 für Weiß) vom schwarzen König geschützt wird. Schwarz beantwortet diesen Zug mit Lf8–c5, wodurch er gleichzieht, d. h., sein Spiel ist ebenso wirksam angelegt wie das von Weiß.

4. Weiß:00, rochiert. Hier begegnen wir schon diesem Ausnahmezug, der in der Schachpartie eine große Rolle spielt, weil er den König aus der recht bald gefährdeten Mitte führt und den Turm auf ein Feld bringt, von dem aus er sehr schnell in das Kampfgeschehen eingreifen kann. Gelingt es, die Rochade des Gegners zu verhindern, ist das häufig ein Vorteil, der zum Siege ausreichen kann, wenn er ideenreich genutzt wird.

Schwarz beantwortet diesen Zug mit Sg8–f6. Er führt den Königsspringer ins Treffen mit folgender Absicht: einmal macht er auch Schwarz die Rochade möglich, zum andern greift er den Bauern e4 an, der noch ungeschützt ist.

Wieder hat Weiß viele Möglichkeiten, um dem Springerzug von Schwarz zu begegnen. Er kann seinen Bauern e4 auch durch folgende Züge schützen: Er zieht den Turm von f1 nach e1; er zieht den Damenbauern von d2 nach d3 und öffnet damit die Linie für den weißen Läufer auf c1; er springt mit seinem Springer von f3 nach g5, ein für den Anfänger besonders verlockender Zug, weil es so aussieht, als könnte er im nächsten Zuge über das Feld f7 mit dem Läufer oder Springer in das feindliche Lager einbrechen. Dieser Zug ist verfrüht, weil Schwarz den Angriff leicht abschlagen und durch schnellere Entwicklung seiner Figuren dann sogar zum Gegenangriff antreten kann. Die klarste Entwicklung bietet Weiß schließlich der Zug:

5. Sb1–c3. Weiß entwickelt seinen Damenspringer, der gleichzeitig den Bauern e4 schützt.

   Schwarz beantwortet diesen Zug mit 00, Rochade. Nun stehen die Spiele vollkommen gleich.

6. Weiß zieht d2–d3; ein einfacher Entwicklungszug. Schwarz folgt mit d7–d6.

7. Lc1–g5. Der Läufer greift den Springer an. Der schwarze Springer auf f6 darf nun nicht ziehen, da sonst der weiße Läufer im folgenden Zug die schwarze Königin schlagen würde, ein Tausch, der bald den Verlust der Partie zur Folge hätte. Man sagt zu dieser Stellung: Der weiße Läufer *fesselt* den schwarzen Springer, was für Schwarz natürlich sehr lästig ist. Doch Schwarz glaubt, er könne ganz einfach Gleiches mit Gleichem vergelten, und zieht Lc8–g4. Er fesselt den weißen Springer in der Schrägen der weißen Dame und hofft so, jeden Schlag des Gegners mit einem gleichen Gegenschlag beantworten zu können.

Und damit sind wir mitten in einer der ältesten Partien, die uns überliefert wurden.

Nachahmen lohnt sich nicht

Fridericus – Katte

Diese Partie ist für den Lernenden besonders interessant, weil sie deutlich zeigt, wie gefährlich es ist, alles nachzuahmen, was der Gegner tut, in der Hoffnung, dann könne einem nichts passieren.

Der junge Fridericus setzt so seinen Angriff fort:

8. Sc3–d5, und Schwarz erwidert Sc6–d4. Beide greifen mit ihren Springern den gefesselten Springer des Gegners an.

9. Lg5:Sf6. Weiß schlägt den Springer und greift mit seinem Läufer erneut die Dame an. Schlüge jetzt Schwarz den Läufer mit seiner Dame, so würde Weiß mit seinem Springer d5 die dann auf f6 stehende Dame mit gleichzeitigem Schachgebot schlagen, und Schwarz wäre hoffnungslos geschwächt. – Schwarz kann sich aber auch nicht entschließen, den Läufer auf f6 mit dem Bauern g7 zu schlagen, weil dann sein König entblößt dastünde; so bleibt er bei seiner Taktik „wie du mir, so ich dir" und schlägt mit seinem neunten Zug Lg4:Sf3 den weißen Springer. Auf den ersten Blick erscheint auch durchaus alles in Ordnung, aber jetzt sinnt Weiß auf Verderben. Er will seinen Gegner mit dessen eigener Methode, alles nachzuäffen, ins Verderben

locken. Er bringt mit seinem nächsten Zug die Dame aus der Gefahr und richtet sie gleichzeitig zum Angriff auf den feindlichen Königsflügel.

10. Dd1–d2; Schwarz Dd8–d7. Schwarz tut wieder das gleiche, und immer sieht es so aus, als stünde Schwarz nicht schlechter, aber Fridericus hat seinen Vorteil erkannt:

11. Dd2–g5. Mit gut entwickelten Figuren droht Weiß nun, mit der Dame auf g7 Schachmatt zu bieten, und mit einem Schlage zeigt sich, wie gefährlich sich die Strategie des Nachahmens für Schwarz ausgewirkt hat. Allein er versucht es noch einmal:
Dd7–g4. Aber das ist eben im Schach nicht möglich, und schon folgt der Zusammenbruch. Weiß zieht:

12. Sd5–e7† († ist das Zeichen für Schachgebot). Der weiße Springer bietet Schach und zwingt den schwarzen König von g8 auf h8.

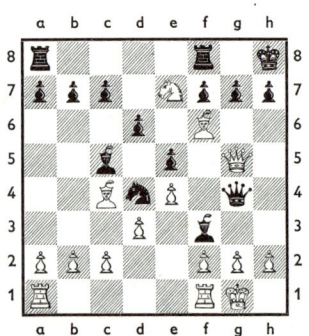

Matt in einem Zuge!

13. Lf6:g7††! Der weiße Läufer bricht auf g7 ein und gibt mit Schachmatt den Todesstoß. Die schwarzen Figuren, in gedankenloser Nachahmung gezogen, stehen dieser Vernichtung tatenlos gegenüber, weil ihr „Feldherr" sich von der Idee leiten ließ, immer das gleiche zu tun wie sein

Gegner. Man studiere dieses Spiel ruhig ein- bis zweimal. Schnell wird man entdecken, daß es immer besser ist, dem Gegner durch eigene Ideen das Spiel vorzuschreiben, als stur das gleiche zu tun.

ERÖFFNUNGSFALLEN

UND ERÖFFNUNGSKOMBINATIONEN

Dem königlichen Spiel widerspricht es auch, sich durch Eröffnungsfallen hereinlegen zu lassen. Deshalb wollen wir den Lernenden hier gleich auf die unglücklichen Fehler in der Eröffnung, d. h. beim Spielbeginn, aufmerksam machen und ihn damit Schritt für Schritt in die Partie einführen. Stellen wir also einmal das Schachbrett wieder in Grundstellung auf und beginnen:

Klever (Weiß) gegen Trottel (Schwarz)

Wie im Leben, so kann man auch im Schachspiel am gründlichsten hereingelegt werden, wenn man sinnlose Züge macht.

1. e2–e4   f7–f6

Auf einem normalen Entwicklungszug von Weiß macht Schwarz einen völlig gedankenlosen Zug, der nichts bezweckt. Während Weiß dem Läufer und seiner Dame den Ausgang geöffnet hat, ist der Zug von Schwarz gleich Null, denn er leistet gar nichts, er nimmt im Gegenteil dem Springer g8 sein bestes Entwicklungsfeld f6.

2. d2–d4   g7–g5

Wieder macht Weiß einen guten Zug, öffnet dem anderen Läufer den Ausgang und bringt seine Mittelbauern in die beste Stellung, während Schwarz ahnungslos darauflosieht, so, als könne ihm nichts passieren. Aber da folgt schon der Blitz aus heiterem Himmel

3. Dd1–h5†† (schachmatt!)

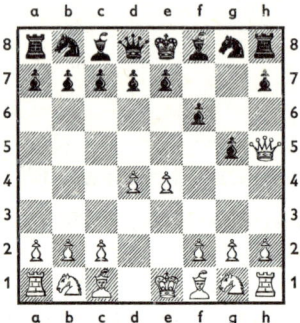

Freilich zeigt obige Abbildung einen besonders grotesken Fall, der selbst dem ungeübtesten Spieler nicht mehr passieren wird, wenn er sein Spiel einigermaßen sinnvoll aufbaut. Das ist gar nicht so schwer, wie es scheint; man muß nur folgende Grundregeln beachten:

a) Die Mittelbauern ins Zentrum des Spiels bringen, damit die eigenen Figuren schnell eingreifen können und die gegnerischen Figuren in ihrer Bewegungsfreiheit eingeschränkt werden.

b) Die eigenen Figuren schnell entwickeln und nicht vorzeitig auf Beute gehen oder sich mit der Dame in kleine Geplänkel einlassen, was der Gegner zur Entwicklung seiner Figuren ausnutzt.

c) Sich bei jedem Zuge des Gegners fragen, was er damit beabsichtigt. Es ist meist mehr wert, Züge des Gegners zu verhindern, als einen eigenen Plan allzu hastig zu verfolgen.

Schließlich sollte man sich auch immer wieder vor Augen halten, daß es nicht darauf ankommt, um jeden Preis zu gewinnen. Viel wichtiger ist es, wirklich zu *spielen* – natürlich mit Verstand und Überlegung. Freude zu empfinden an schönen Kombinationen, an den vielfältigen Möglichkeiten: darauf kommt es an!

30

Das Schäfermatt

Eine der bekanntesten Eröffnungsfallen zeigt das folgende Abspiel: das sogenannte Schäfermatt. Zu dieser Mattstellung kommt es nicht wie bei der vorangehenden Partie durch willkürliche, schlechte Züge. Das Schäfermatt ist vielmehr ein typisches Beispiel dafür, wie es einem Spieler ergehen kann, der die Züge des Gegners nur schematisch beantwortet, ohne auf dessen Absichten zu achten:

	Weiß	*Schwarz*
1.	e2–e4	e7–e5
2.	Lf1–c4	Sb8–c6
	Königsläuferspiel	
3.	Dd1–h5	Sg8–f6??

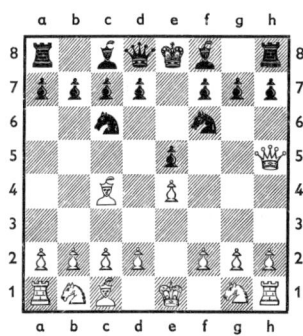

Dieser letzte Zug von Schwarz, der in sehr vielen Eröffnungen richtig ist, erweist sich hier als vollkommen falsch. Schwarz hat nicht die Absicht des Gegners beachtet, mit der Dame auf f7 Schachmatt zu bieten, und so kommt es natürlich prompt zu diesem Reinfall.

4. Dh5:f7†† (schachmatt!)

Wenn Schwarz auf diese Drohung richtig antwortet, zeigt es sich allerdings, daß das Spiel von Weiß verfehlt ist, weil eine so frühzeitige Entwicklung der Dame nicht gut ist.

Aljechin fiel nicht herein

Der langjährige Weltmeister Aljechin (Alekhine), Schach-lehrmeister der ganz hohen Schule, erlebte einmal bei einem Simultanspiel in Buenos Aires folgenden „Witz", wie er sich ausdrückte.

Bei diesem interessanten, sogenannten Simultanspiel hatte Aljechin gegen 45 Gegner zu gleicher Zeit anzutreten. In einem Saal saßen 45 Spieler an Tischen, und der spätere Weltmeister ging von einem zum anderen, Runde um Runde, bis alle Partien beendet waren. Man kann sich vorstellen, mit welcher Gedankenschnelligkeit er an jedem Brett ziehen mußte, um diese enorme Leistung in vier bis fünf Stunden hinter sich zu bringen. Er hatte für jeden Zug im Durchschnitt nur ein paar Sekunden Bedenkzeit. Trotz-dem gewann er 34 Partien, machte 10 unentschieden und verlor nur eine, und auch diese nur durch einen Finger-fehler (er machte einen geplanten zweiten Zug anstatt des ersten und geriet dadurch in Verlust). In dieser angespannten Situation – so rechnete sich ein Witzbold unter den argenti-nischen Schachspielern aus – kann auch ein Weltmeister auf das Schäfermatt hereinfallen, und er zog also, sehr zum Staunen und Schmunzeln der Zuschauer:

| 1. e2–e4 | e7–e5 |
| 2. Lf1–c4 | Lf8–c5 |

Bemerkt Weltmeister Aljechin: „Ich habe den Braten ge-rochen, wollte aber den Spaß nicht verderben, denn gewöhn-lich antworte ich auf Lf1–c4 in dieser Stellung gleich mit Sg8–f6."

Und es geschah auch prompt:

| 3. Dd1–h5 | Dd8–e7 ! |

Der beste Gegenzug. Der Weltmeister entwickelt die Dame auf ein schwer angreifbares Feld, schützt seinen Mittel-bauern und bereitet einen Gegenangriff vor.

| 4. Sg1–f3 | Sg8–f6 |

Wo zieht die weiße Dame nun hin? Man probiere selbst: Auf den Feldern g6 und h6 würde sie von den Bauern, auf g4 vom Springer geschlagen; auf h3 und f5 würde Weiß nach scheinbarer Gefahr für Dame und Läufer nur einige Züge weiterkommen. Es bleiben also nur die Felder g5 und h4. Weiß entschloß sich zu

5. Dh5–g5,

denn er glaubte, eventuell auf g7 schlagen und so im trüben fischen zu können.

Aljechin spielte – fast ohne auf das Brett zu sehen – bei seinem nächsten Durchgang:

5. – – –   d7–d6

Weiß bricht mit der Dame ein:

6. Dg5:g7   Schwarz pariert: Th8–g8

Weiß ist mit seiner Dame zum Rückzug gezwungen und hat nur ein Feld:

7. Dg7–h6   – – –

Und nun antwortet der Weltmeister mit einem Blitz aus heiterem Himmel:

7. – – –   Lc5:f2†

Weiß kann den Läufer nicht schlagen, denn er verliert dann nach 8. – Weiß:König:Läufer f2, Schwarz: Springer g4† – die Dame und damit das Spiel. Die Überraschung durch den 7. Zug von Schwarz war für den guten Mann so groß, daß er nun ganz den Faden verlor. Er zog den König auf e2, also:

8. Ke1–e2   Tg8:g2

Wieder eine schlimme Drohung von Schwarz, durch die Weiß in die Gefahr eines *Abzugsschachs* kommt. (Von einem Abzugsschach spricht man dann, wenn man durch Abziehen einer eigenen Figur – hier Läufer f2 – dem Gegner mit einer anderen Figur – hier Turm g2 – Schach bietet. Solche Situationen sind immer gefährlich.)

9. Ke2–f1   Tg2–g6

Wieder ein Kanonenschuß! Schwarz greift die Dame an, und Weiß muß feststellen, daß sie verloren ist. – Eine große Menschenansammlung um das Brett, die mit Schmunzeln die Stellung betrachtet. Das mag dem guten Mann endgültig

die Nerven geraubt haben, denn er gab die Partie auf – mit
Recht. Freilich hätte er sich nach den nächsten Zügen

10.	Dh6:Tg6	h7:Dg6
11.	Kf1:Lf2	Sf6–Sg5†

noch halten können, aber ohne die mindesten Chancen. – So
ging diese Partie, die den Weltmeister mit dem Schäfermatt
bluffen wollte, als erste von 45 Partien sang- und klanglos
zu Ende, ein Scherz freilich, der aber eine gute Einsicht
bestätigt: Man soll seinen Gegner nie unterschätzen.

Mit Raffinesse zum Ziel

Gioachimo Greco – Unbekannt

Aus dem Jahre 1625 ist eine Partie bekannt, die der
Italiener G. Greco gegen einen Zeitgenossen spielte und die
in dem Schachkapitel „Eröffnungsfallen" einen bedeutenden
Platz einnimmt:

1.	e2–e4	b7–b6

Weiß eröffnet in der Mitte, Schwarz auf der Damenseite.
Wie schwierig solche Eröffnungen zu behandeln sind, zeigt
die hier aufgezeichnete Partie in aller Deutlichkeit.

2.	d2–d4	Lc8–b7

Der auf d4 gezogene weiße Damenbauer öffnet das Spiel
für die weiße Partei vollkommen. Jetzt können die Läufer
rasch in das Spielfeld entwickelt werden, und für die Springer
sind gute Felder vorhanden (Sf3, Sc3), von denen aus sie
wirkungsvoll in das Spiel eingreifen können, ohne die eigenen
Figuren zu behindern, wie das bei den versteckteren Spielarten oftmals der Fall ist. Zwar verzichtet Schwarz hier
darauf, seine Mittelbauern gleich ins Treffen zu führen, hofft
aber auf taktische Vorteile.

3.	Lf1–d3	– – –

Weiß schützt seinen Mittelbauern, der von dem Läufer auf

b7 angegriffen ist, durch einen einfachen Entwicklungszug. Er hätte natürlich ebensogut Sb1–c3 spielen können.

3. – – –   f7–f5?

Ist dieser Zug gut? Es sieht so aus, als würde Schwarz den Bauern sinnlos opfern, denn Weiß kann den Bauern auf f5 ja einfach schlagen. Freilich wird damit nach e4:f5 die Schräge des schwarzen Läufers geöffnet, der von b7 aus jetzt, da ja nun Schwarz am Zug ist, den Bauern auf g2 schlagen kann und gleichzeitig den Turm auf h1 zu erobern droht.

Und so kommt es auch. Aber Weiß hat weiter gedacht, wie wir gleich sehen werden.

4. e4:f5!   Lb7:g2

5. Dd1–h5†   – – –

Die weiße Dame zieht von ihrer Grundstellung auf das Feld h5 und bietet Schach. Nun hat Schwarz nur einen Zug, mit dem er dieses Schach abwehren kann:

5. – – –   g7–g6

Weiß hat eine Kombination im Auge und spielt deshalb konsequent weiter:

6. f5:g6   – – –

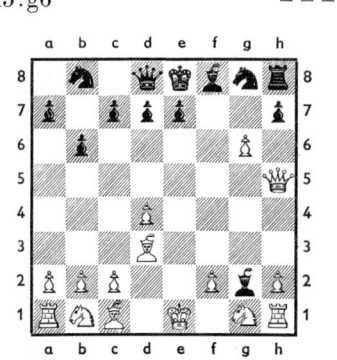

Diese Stellung ist für den Lernenden hochinteressant. Weiß droht mit Abzugsschach g6–g7††, das gleichzeitig ein Matt ist, weil Schwarz weder den König ziehen noch eine

Figur dazwischenstellen kann. Durch das Vorrücken des Bauern wird die Linie der Dame geöffnet, ein typisches Abzugsschach. Wäre es nicht Schachmatt, hätte der Bauer d7–d6 schon gezogen, so würde allerdings der kleine Bauer auf g7 eine ungeheure Kraft entwickeln, denn er droht ja, den Turm auf h8 zu schlagen und selbst zur Dame zu werden. Schwarz muß zuallererst das Schachmatt abwehren.

6. – – –   Sg8–f6

Der Springer greift die Dame an, die nun im nächsten Zug geschlagen werden könnte. Weiß hat aber noch eine besondere Finesse im Sinn, die sich noch gefährlicher auswirkt, als das vorhin erwähnte Abzugsschach. Er kann auch mit dem Bauern

7. g6:h7†   – – –

weiterschlagen und durch das so gegebene Damenschach Schwarz nun geradezu zum Schlagen der Dame zwingen. Schwarz – in einer Zwangslage – zieht:

7. – – –   Sf6:Dh5

Und nun folgt die Krönung des weißen Spiels:

8. Ld3–g6 schachmatt!

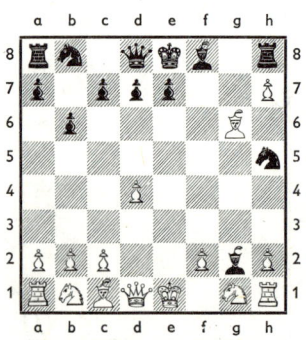

Weiß hat es also verstanden, die aufgerissene schwarze Königsstellung für sich zu nutzen, so daß ein so frühes Schachmatt möglich wurde.

Die Philidorverteidigung

Johann – Elster

Ein weiteres schönes Beispiel für die Tücken, die beim
Schachspiel schon in den ersten Eröffnungszügen liegen,
zeigt nachfolgende Kurzpartie.

1.	e2–e4	e7–e5
2.	Sg1–f3	d7–d6

Dies ist die sogenannte Philidorverteidigung, benannt nach
dem großen Meister Philidor, der sie schon im 18. Jahrhundert ausführlich untersuchte und als der erste Schach-
theoretiker anzusehen ist, der das Schachspiel wissenschaft-
lich betrachtete. Seither sind, besonders im letzten Jahrhundert, zahlreiche zum Teil ganz ausgezeichnete Bücher
über die Theorie des Schachspiels, vor allem seiner Eröffnungen und Endspiele, veröffentlicht worden. Die wichtigsten wollen wir am Schluß dieses Bändchens in einer kur-
zen Übersicht zusammenstellen.

Erwähnen wollen wir hier noch, daß diese Partie vielfach
mit dem Namen *Der Seekadett* bezeichnet wird, da sie in der
gleichnamigen Operette von *Genee* aufgeführt wurde. (Das
Matt nennt man auch nach Schachmeister *Legal* das „Matt
des Legal".)

37

Doch kommen wir wieder auf unsere Partie zurück und sehen uns gleich noch den dritten Zug an.

3. Lf1–c4   h7–h6

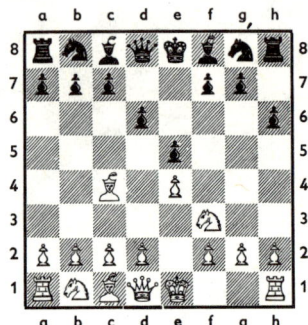

Weiß hat bereits zwei Figuren entwickelt, während Schwarz wohl eine feste Stellung eingenommen hat, aber mit dem letzten Bauernzug einen Zug oder, wie man im Schach sagt, ein Tempo verschenkt hat. Das bedeutet, mit andern Worten gesagt:
Schwarz hat nicht gerade einen falschen, aber doch einen unnötigen Zug gemacht. Mehrere solcher unnötiger Züge können schlimme Folgen haben, in sogenannten kritischen Stellungen sogar ein einziger. Schwarz wollte mit dem Zug h7–h6 verhindern, daß der weiße Springer auf das Feld g5 ziehen kann; da durch diesen Zug jedoch noch keine Gefahr droht, ist der Zug h7–h6 in diesem Zeitpunkt ein verlorener Zug, ein verlorenes Tempo. Weiß entwickelt sich unbefangen weiter:

4. Sb1–c3   Lc8–g4

Schwarz denkt sich nichts weiter bei dem Zug, und auf den ersten Blick meint man auch, es sei alles in Ordnung. Der Läufer droht den Springer f3 eventuell zu schlagen und fesselt ihn andererseits. Das heißt, wenn der Springer wegzieht, könnte der Läufer im nächsten Zug die weiße Dame auf d1 schlagen. Wegen dieses Zuges hat Schwarz sicher nicht mit der überraschenden Antwort gerechnet, die nun folgt:

5. Sf3 : e5   – – –

Was kann Schwarz jetzt tun? Erstens mit dem Läufer auf g4 die Dame im weißen Lager schlagen, was sehr verlockend aussieht. Zweitens mit dem Bauern d6 den weißen Springer auf e5 nehmen; dann schlägt natürlich die weiße Dame im nächsten Zug den Läufer auf g4, und Schwarz hat einen Bauern verloren. Drittens den Läufer g4 auf e6 zurückziehen, was zum Läufertausch führen würde, wobei Weiß mit seinen entwickelten Figuren immer im Vorteil bliebe. Schwarz nahm jedenfalls die Herausforderung an; er wollte es sich zeigen lassen. Und erlebte einen lehrreichen Reinfall.

5. – – –   Lg4 : Dd1
6. Lc4 : f7†   Ke8–e7
7. Sc3–d5†† (Seekadettenmatt)

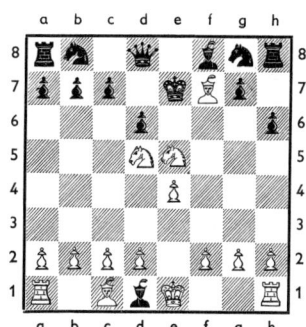

Wie soft folgte auch bei dieser Kombination der Einbruch auf dem Feld f7 (was bei Weiß Feld f2 entspricht) und endete in diesem Fall tödlich, weil die schwarzen Figuren noch völlig unentwickelt waren und ihren König nicht zu schützen vermochten.

Es nützt Schwarz gar nichts, daß er eine Dame mehr hat. Der König, die Figur, mit der ja alles steht und fällt, kann nicht mehr ziehen, ohne im nächsten Zug selbst geschlagen zu werden: und das bedeutet schon Schachmatt. (Der letzte Streich wird nicht mehr geführt, denn das würde der Noblesse des Spiels widersprechen.)

Die Züge wollen überlegt sein

Hermann – Knauer

Ein weiteres Beispiel dafür, wie schnell sich sinnlose Züge rächen, zeigt nachfolgende Partie, die in ähnlicher Weise wohl schon Tausende von Malen von Lernenden verloren wurde.

1.	e2–e4	e7–e5
2.	Lf1–c4	a7–a6
3.	Sg1–f3	f7–f6

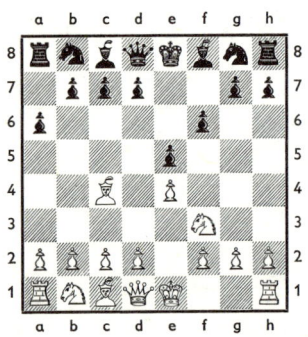

Ein abschreckendes Beispiel schlechter Strategie seitens Schwarz! Sowohl sein zweiter Zug a7–a6 als auch sein dritter Zug f7–f6 waren sinnlos. Mit dem letzten Zug f7–f6 schützt Schwarz scheinbar den Bauern e5, der ja vom weißen Springer angegriffen ist, aber er schwächt die schwarze Königsstellung, weil das Feld f7 jetzt gänzlich ungeschützt ist und Weiß seinen Springer ohne großes Risiko opfern kann.

4.	Sf3:e5	f6:Se5
5.	Dd1–h5†	– – –

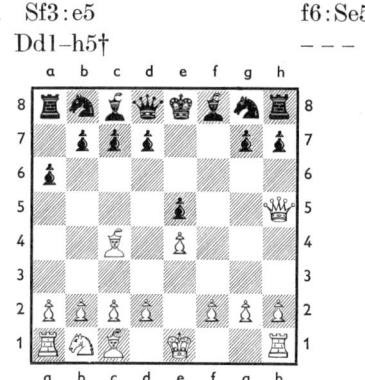

Schwarz hat jetzt zwischen zwei Übeln die Wahl. Auf König e8–e7 folgt Dame h5:e5 schachmatt!
Diese Schachmattstellung hatte Schwarz jedoch vorausgesehen, er zog deshalb:

5.	– – –	g7–g6

Es folgte aber wiederum:

6.	Dh5:e5†	– – –

Das beantwortet Schwarz mit:

6.	– – –	Dd8–e7
7.	De5:Th8	De7:e4†

Aber es gelingt Schwarz nicht recht, Gleiches mit Gleichem zu vergelten, eben weil er in der Entwicklung zu weit zurück ist.

8.	Lc4–e2	Sg8–e7
9.	d2–d3	De4:g2
10.	Lc1–h6!	– – –

Es sieht so aus, als habe Weiß mit seinem letzten Zug einen Fehler gemacht; denn nun scheint ja auch sein Turm verlorenzugehen. Doch er will die schwarze Dame ablenken, um die Schachmattdrohung Dh8:Lf8 noch nachhaltiger zur Geltung zu bringen.

10. – – –	Dg2:Th1†
11. Ke1–d2	d7–d6
12. Dh8:Lf8†	Ke8–d7
13. Sb1–c3!	– – –

Weiß opfert seinen zweiten Turm, um die Dame endgültig in die Falle zu locken.

13.– – –	Dg1:Ta1
14. Lh6–g5	Sb8–c6
15. Le2–g4†	Se7–f5

Die letzten Züge waren alle so gut wie erzwungen, wollte Schwarz nicht in noch ärgere Bedrängnis geraten.

| 16. Sc3–d5 | – – – |

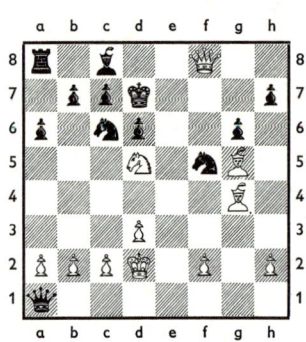

Was will Schwarz nun gegen die Drohung Df8:f7 tun? Er versucht zunächst, seine Dame wieder ins Spiel zu bringen, und schlägt den Bauern auf b2.

| 16. – – – | Da1:b2 |
| 17. Df8–f7† | – – – |

Schwarz hat nur einen Zug: Sc6–e7

| 18. Df7:Se7† | – – – |

Schwarz kann die Dame mit dem Springer f5 nicht schlagen, weil dieser durch den Läufer gefesselt ist. Er muß also mit dem König flüchten:

| 18. – – – | Kd7–c6 |

19. De7:c7†   Kc6:d5

Schwarz schlägt nun den gefährlichen Springer, doch selbst das kann ihn nicht mehr retten. Sein König wird in das Mattnetz getrieben.

20. Dc7–c4†   – – –

Nun hat der schwarze König nur noch ein Fluchtfeld.

20. – – –   Kd5–e5

21. f2–f4††

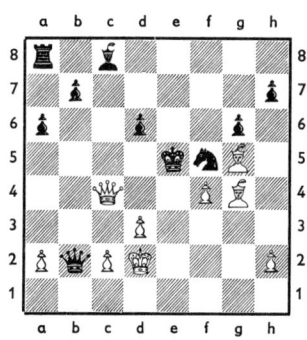

Weiß hätte auch anstatt f2–f4 mit Dc4–e4 Schachmatt geben können. Die Stellung veranschaulicht, daß der weißfeldrige Läufer von Schwarz auf c8 und der Turm auf a8 an dem ganzen Spiel überhaupt nicht teilgenommen haben; allein so war Weiß in der Lage, durch eine Reihe von Opfern den schwarzen König in die Mitte zu treiben und ihn dort endgültig zur Strecke zu bringen. Die unsinnigen ersten Eröffnungszüge haben sich für Schwarz bis zum Schluß dadurch ausgewirkt, daß er ständig mit weniger aktiven Figuren im Kampf war als Weiß. Es ist also immer von großer Wichtigkeit, möglichst mehr Figuren als der Gegner zum Einsatz zu bringen oder, bei gleichwertiger Entwicklung, sie besser, wirkungsvoller aufzustellen. Das freilich ist die eigentliche Strategie des Spiels, denn ein Zeichen der hervorragenden Partie ist, daß sie nicht durch einen eigentlichen Fehler verlorengeht, sondern durch überlegene Strategie gewonnen wird, wobei sich dann allerdings oft Stellungen ergeben, in denen der Gegner zwangsläufig schwache Züge machen muß. Doch dazu kommen wir verständlicherweise erst im Kapitel der Partiensammlung. Es sei jedoch hier schon darauf hingewiesen, damit der Lernende nicht aus diesen Beispielen den Eindruck gewinnt, daß Schachpartien nur durch mehr oder minder dumme Fehler verlorengehen. Die hier gegebenen Beispiele haben ganz im Gegenteil den Sinn, vor den Gefahren solcher Schnitzer zu warnen. Weder für den Gewinner noch für den Verlierer ist eine Partie, die hauptsächlich durch grobe Fehler gekennzeichnet ist, wirklich interessant. Damit wird freilich nicht behauptet, daß Spiele, in denen eine Partei regelrecht ,,überfahren'' wird, nicht auch ihren Reiz haben.

Die meisten sogenannten Eröffnungsfallen sind eigentlich raffiniert ausgeklügelte ,,Kombinationen im Eröffnungsstadium der Partie''. Hier einige schöne Beispiele mit einer Erläuterung der jeweiligen Eröffnung:

Die Französische Partie

Schlechter – S. A. Wulff

1. e2–e4	e7–e6
2. d2–d4	d7–d5

Durch diese Züge ist die ,,Französische Partie'' gekennzeichnet. Schwarz tritt dem doppelten Bauernvorstoß des Weißen durch den Aufbau einer festen Stellung entgegen. Weiß hat jetzt drei Möglichkeiten, die alle zu ganz anderen Stellungsbildern, d. h. zu einem ganz anderen Partieverlauf führen: 1. Er kann versuchen, mit e4–e5 das schwarze Spiel einzuengen. Dem wird Schwarz mit c7–c5 und einem nachhaltigen Angriff auf die Mittelbauern des Weißen (Springer c6, Dame b6 usw.) entgegenwirken. 2. Vielleicht wird Weiß seinen von Schwarz angegriffenen Bauern e4 gegen dessen

Mittelbauern d5 tauschen. Also e4:d5, e6:d5. Dadurch wäre eine vollkommen symmetrische Stellung erreicht, in der Schwarz sich ungehindert entwickeln könnte. 3. Weiß hat auch die Möglichkeit, seinen angegriffenen Bauern durch Springer b1–d2 oder b1–c3 zu schützen und gleichzeitig damit eine Figur zu entwickeln. Auf diesen Zug hätte Schwarz wiederum eine ganze Reihe von Zugmöglichkeiten.

Ein Labyrinth von Varianten eröffnet sich den Spielern. Aber wir wollen sie hier nicht weiter verfolgen, denn für den Lernenden ist es vorerst wesentlicher, daß er mit den Grundgedanken der einzelnen Eröffnungen bekannt gemacht wird. Wenn er mit diesen Grundgedanken einigermaßen vertraut ist und die Positionsbilder der Partiensammlungen auf dem Schachbrett aufmerksam verfolgt, wird er schon bald ein ziemlich sicheres Gefühl für den Charakter der jeweiligen Eröffnung bekommen. Hauptsache ist und bleibt, daß man *zweckmäßig* entwickelt und sich immer wieder fragt, was der Gegner plant und was man dagegen tun kann. So bekommt der Lernende den Überblick, der notwendig ist, um am Schachspiel seine Freude zu haben. Wer freilich zu Meisterspielstärke aufsteigen möchte, wird auf ein genaues Studium der einzelnen Eröffnungen nicht verzichten können.

Doch zurück zu unserem Spiel. Die Partie (gespielt 1894 in Wien) nahm nun folgenden Verlauf:

3. Sb1–c3   Sg8–f6

Schwarz greift den Bauern e4 erneut an und entwickelt gleichzeitig seinen Springer. Weiß antwortet auf diesen Zug mit:

4. Lc1–g5   – – –

Weiß versucht also, durch Fesselung des Springers in der Läuferlinie den schwarzen Angriff auf den Bauern e4 abzuwehren (der Springer kann nicht gezogen werden, ohne daß die Dame gefährdet wird).

4. – – –   Lf8–e7

Schwarz hebt nun die Fesselung wieder auf und entwickelt zugleich seinen Königsläufer. Jetzt ist der Bauer e4 wiederum angegriffen. Weiß entschließt sich, den schwarzen Springer zu schlagen. (Es hätte allerdings auch eine andere Möglichkeit gegeben, zum Beispiel: e4–e5.)

5.	Lg5:f6	Le7:f6
6.	Sg1–f3	00
7.	e4–e5	Lf6–e7
8.	Lf1–d3	Lc8–d7
9.	h2–h4	f7–f6

Schwarz versucht durch Öffnen der Turmlinie und Verhinderung des Springerzuges f3–g5 dem sich langsam anbahnenden Angriff von Weiß zu begegnen. Weiß zieht aber nun doch den Springer f3–g5. Diese Kombination des ehemals berühmten Meisters Schlechter kann man aber eigentlich nicht als Eröffnungsfalle bezeichnen.

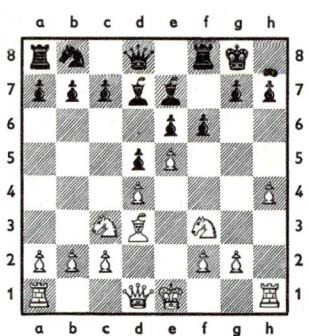

10. Sf3–g5 — — —

Hier mußte Schwarz überlegen, mit welchen Absichten dieser Zug verbunden war. Da er die Kombination nicht durchschaute (und sie ist auch für den geübten Spieler gar nicht so leicht zu erkennen), ließ er sich den Springergewinn nicht entgehen.

10.	– – –	f6:g5
11.	Ld3:h7†	– – –

Schwarz muß nun auch noch den Läufer nehmen, denn bei jedem anderen Zug des Königs wird ihm die Dame d1–h5

46

zum Verhängnis. Das Matt wäre bei den nächstfolgenden Zügen – Läufer h7–g6 mit Abzugsschach und Dame h5–h7 – nicht mehr zu verhindern. Also schlägt Schwarz den Läufer:

    11. – – –   Kg8:h7
    12. h4:g5†   – – –

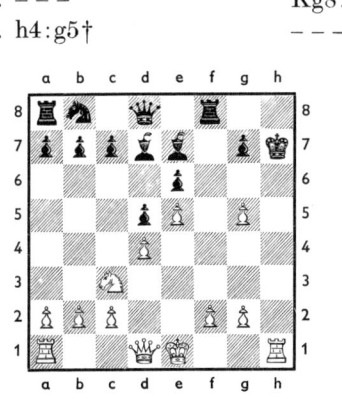

Durch diese Öffnung der weißen Turmlinie gelingt es Schlechter, dem schwarzen König mit Gewalt beizukommen. Schwarz hat nun nur zwei Möglichkeiten. Er kann den König von h7 auf g6 ziehen. Das führte aber nach wenigen Zügen zum Schachmatt. Deshalb wählt Schwarz:

    12. – – –   Kh7–g8

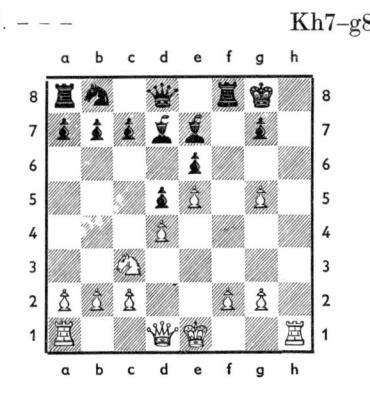

    13. Th1–h8†   – – –

Nur so kann Weiß die Partie zu einem erfolgreichen Abschluß bringen! Schwarz muß den Turm schlagen, weil sonst wiederum Dame h5 Schach sofort entscheidet. Also:

13. – – –	Kg8:h8
14. Dd1–h5†	Kh8–g8
15. g5–g6	– – –

Der Sinn des Turmopfers von Weiß lag darin, die Dame auf h5 zu ziehen und Schach bieten zu können. Dadurch wurde der Bauer g5 gerettet. Er schnürt nun den feindlichen König entscheidend ein. Schwarz hätte bei jedem anderen Zug als dem Turmopferzug mit dem Läufer e7 den weißen Bauern g5 geschlagen und die Königsstellung genügend verteidigen können. Nun aber kann Schwarz ziehen, wie er will, er wird auf jeden Fall in zwei Zügen matt.

15. – – –	Tf8–e8
16. Dh5–h7†	Kg8–f8
17. Dh7–h8††	

Darüber lacht man nicht

„Meine Frau hat gesagt, sie läßt sich nun wirklich scheiden, wenn ich das Schachspielen nicht endgültig aufgebe.“
„Das ist ja scheußlich!“
„Ja, es ist schon scheußlich, ich werde meine Frau sehr vermissen!“

Die Italienische Partie

Der Grundgedanke der sogenannten Italienischen Partie ist sehr einfach. Wie wir schon im Eröffnungsspiel zwischen Kronprinz Friedrich und Katte, das der Italienischen Partie entsprach, gesehen haben, wird die Entwicklung mit klaren, unkomplizierten Zügen eingeleitet. Zeigt aber das Spiel des preußischen Kronprinzen starre, symmetrische Fortführung, so beweist uns eine sehr schöne Partie des alten Meisters Greco (er lebte im 17. Jahrhundert), daß diese Spielweise schon in der Eröffnung bewegt und interessant sein kann.

Gioachimo Greco – Unbekannt

1. e2–e4   e7–e5

Beide Spieler eröffnen mit dem Mittelbauern, um für den Läufer und die Dame Ausfallinien zu schaffen.

2. Sg1–f3   Sb8–c6

Weiß greift den schwarzen Königsbauern an. Schwarz verteidigt seine Figur mit dem Damenspringer.

3. Lf1–c4   Lf8–c5

Weiß bringt seinen Läufer auf eine gute Angriffslinie, Schwarz tut desgleichen. Durch diese Züge ist die Italienische Partie bestimmt. Nun gibt es die verschiedensten Fortführungen. Weiß kann rochieren oder seinen Damenspringer b1–c3 entwickeln. Auch ein Bauernopfer d2–d4 bzw. d2–d3 ist mölich. In dieser Partie schlägt Weiß einen anderen Weg ein, der aber genausogut ist, nämlich:

4. c2–c3   – – –

Schwarz antwortet mit folgendem Entwicklungszug:

4. – – –   Sg8–f6
5. d2–d4   – – –

Nur um diesem Zug mehr Wucht zu verleihen, hat Weiß vorher c2–c3 gespielt. Schwarz bleibt nun nichts Besseres übrig, als den Bauern d4 zu schlagen, will er nicht mit dem

Läufer c5 auf d6 zurück. Damit wäre aber der schwarze Läufer auf c8 eingeschlossen und Weiß hätte ein freieres Spiel. Also schlägt Schwarz den Bauern.

5. – – –	e5 : d4
6. c3 : d4	Lc5–b4†
7. Sb1–c3	Sf6 : e4

Fast sieht es so aus, als gewinne Schwarz die Oberhand, denn Weiß kann den Springer e4 ja nicht schlagen, weil der Springer c3 (in der Linie des schwarzen Läufers auf b4) gefesselt ist. Weiß rochiert, um die Fesselung dieses Springers aufzuheben.

8. 00	Se4 : Sc3

Der schwarze Springer schlägt den weißen, weil er sich sonst zurückziehen müßte und Zeit verlöre. Weiß antwortet:

9. b2 : Sc3	Lb4 : c3

Doch nun setzt Weiß zum Gegenangriff an!

10. Dd1–b3	– – –

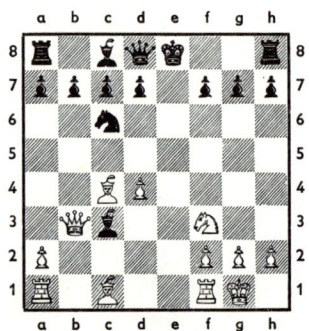

Weiß droht mit Lc4 : f7 †. Schwarz glaubt, sich das gefallen lassen zu können, denn er hat schon zwei Bauern mehr geschlagen und gewinnt durch den folgenden Zug die Qualität:

10. – – –	Lc3 : Ta1
11. Lc4 : f7 †	Ke8–f8
12. Lc1–g5	– – –

50

Weiß greift mit Tempogewinn die schwarze Dame an. Um
sie zu retten, muß Schwarz den Springer zurückziehen.

12.	– – –	Sc6–e7
13.	Sf3–e5	La1 : d4
14.	Lf7–g6	d7–d5

Nur durch diesen Zug kann Schwarz das sofortige Schachmatt (Db3–f7 ††) abwenden.

15.	Db3–f3†	Lc8–f5
16.	Lg6 : Lf5	Ld4 : Se5
17.	Lf5–e6†	Le5–f6
18.	Lg5 : Lf6	g7 : Lf6
19.	Df3 : f6†	Kf8–e8
20.	Df6–f7 ††	

Die Spanische Partie

Zu den offenen Spielen, die mit e2–e4, e7–e5 eröffnet werden,
zählt neben der Italienischen auch die Spanische Partie.
Die Spanische Partie zielt auf frühzeitige Entwicklung des
Königsflügels ab, aber Schwarz steht eine ganze Reihe verschiedener Verteidigungen zu Gebote.
In einer Partie, die Albert Einstein gegen den amerikanischen
Atomphysiker Oppenheimer spielte, kam es in dieser Spielweise zu einem spannenden Kampf, der gleichzeitig die Gefahren der schwarzen Spielführung deutlich demonstriert.

Einstein – Oppenheimer

1.	e2–e4	e7–e5
2.	Sg1–f3	– – –

Weiß greift den Mittelbauern des Gegners an.

2.	– – –	Sb8–c6

Und Schwarz verteidigt ihn, indem er gleichzeitig seinen
Springer entwickelt.

Schon hier zeigt es sich, wie schnell die offenen Spielarten zu Verwicklungen und spannenden Momenten führen. Vor allem die Springer bringen bald Bewegung in das Spiel.

      3.   Lf1–b5   – – –

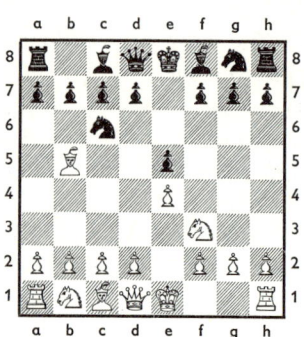

Weiß greift den Springer sofort wieder an. Schwarz hat aber verschiedene Möglichkeiten der Verteidigung, zum Beispiel d7–d6 oder Sg8–f6. Er wählt jedoch:

      3. – – –   a7–a6

Nun sieht es so aus, als könne Weiß durch Lb5:c6, d7:c6, Sf3:e5 einen Bauern erobern. Das ist aber ein Irrtum. Schwarz könnte dann Dd8–d4 spielen und im nächsten Zug den Bauern e4 gewinnen, da ja Weiß seinen Springer retten muß. Weiß hätte also durch Lb5:Sc6 keinen Vorteil. Er spielt deshalb:

      4. Lb5–a4   – – –

Nun vertreibt Schwarz den Läufer endgültig von der Linie.

      4. – – –   b7–b5

Weiß zieht den Läufer zurück

      5. La4–b3   – – –

und stellt ihn auf die Diagonale a2–g8.

      5. – – –   Sg8–f6

Schwarz greift den Bauern e4 an. Dies ist eine typische Stellung der Spanischen Partie nach den ersten Eröffnungszügen. Wohl die interessanteste Fortsetzung zeigen die folgenden Züge:

6.	0 0	Sf6:e4
7.	Tf1–e1	d7–d5
8.	a2–a4	b5–b4
9.	d2–d3	Se4–c5
10.	Sf3:e5	Sc6–e7
11.	Dd1–f3	f7–f6?

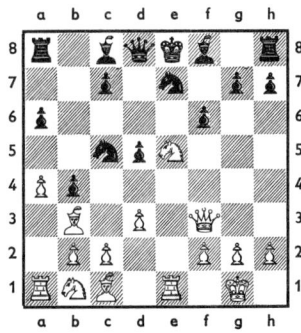

Ein Fehler, der das schwarze Spiel zerstört.

12.	Df3–h5†	g7–g6
13.	Se5:g6!	– – –

Schwarz kann mit dem Springer e7 nicht zurückschlagen, weil er durch den Turm e1 vor seinem König gefesselt ist. Es droht aber Sg6–e5† mit vernichtenden Folgen für Schwarz. Deshalb entschloß sich Oppenheimer wohl, den gefährlichen Springer zu schlagen.

13.	– – –	h7:Sg6
14.	Dh5:Th8	Sc5:Lb3
15.	c2:Sb3	Dd8–d6
16.	Lc1–h6	Ke8–d7
17.	Lh6:Lf8	Lc8–b7
18.	Dh8–g7	Ta8–e8
19.	Sb1–d2	c7–c5
20.	Ta1–d1	a6–a5

Schwarz ist vollkommen hilflos. Er kann kaum eine Figur bewegen, ohne eine andere zu verlieren.

21.	Sd2–c4	d5:Sc4
22.	d3:c4	Dd6:Td1
23.	Te1:Dd1†	Kd7–c8
24.	Lf8:Se7	– – –

Schwarz gibt die Partie auf, denn er wird in wenigen Zügen schachmatt!

*

Noch ein weiteres Beispiel soll den Typ der Spanischen Partie charakterisieren.

Marco – Tarrasch

1.	e2–e4	e7–e5
2.	Sg1–f3	Sb8–c6
3.	Lf1–b5	Sg8–f6
4.	0 0	Sf6:e4

Das Spiel entwickelt sich ganz ähnlich wie in der vorigen Partie, jedoch zeigt sich ein wesentlicher Unterschied: der weiße Läufer steht noch auf b5 und ist nicht durch die Züge a7–a6, b7–b5 nach b3 vertrieben worden.

5.	Tf1–e1	Se4–d6

Der letzte Zug von Schwarz ist sehr problematisch, denn der Springer behindert nun den Mittelbauern und sperrt den schwarzen Läufer c8 ein. Gleichzeitig wird allerdings der weiße Läufer b5 angegriffen. Er müßte eigentlich zurückgezogen werden, aber Weiß hat einen anderen Plan:

6.	Sb1–c3	Sd6:Lb5
7.	Sf3:e5	– – –

Nun droht das furchtbare Abzugsschach Se5:c6†, das, falls es dazu kommt, Schwarz die Dame kostet.

7.	– – –	Sc6:Se5

Das ist ein Fehler, der allerdings sehr schwer zu erkennen ist. Schwarz mußte im 7. Zug Lf8–e7 spielen und den Springer b5 aufgeben!

54

8.	Te1:Se5†	Lf8–e7
9.	Sc3–d5!	00

Weiß schlägt nicht den Springer b5, sondern greift den Läufer e7 an. Schwarz hat nichts Besseres als die Rochade, um seinen König in Sicherheit zu bringen.

10.	Sd5:Le7†	Kg8–h8
11.	Dd1–h5	– – –

Es droht Dh5:h7†, Kh8:Dh7, Te5–h5††! Um dies abzuwehren, zieht Schwarz:

11.	– – –	g7–g6
12.	Dh5–h6	Tf8–e8
13.	Te5–h5!	– – –

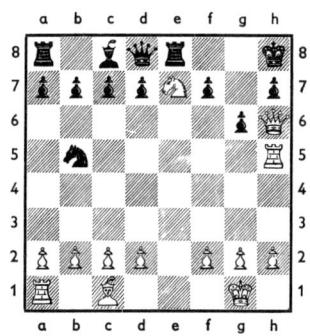

Was soll Schwarz nun tun? Schlägt er mit dem Turm e8 den Springer, so nimmt die weiße Dame den Bauern h7 und setzt den König schachmatt. Da glaubt Schwarz, einen Ausweg gefunden zu haben. Er schlägt mit dem Bauern g6 den Turm. Es sieht so aus, als könne die weiße Dame jetzt nicht mehr Schachmatt bieten, aber das ist ein Irrtum.

13.	– – –	g6:Th5
	14. Dh6–f6††	

Der Bauer g6 machte, indem er nach h5 schlug, die waagerechte sechste Linie frei und ermöglichte es dadurch der weißen Dame, auf f6 Schachmatt zu bieten.

Die Sizilianische Verteidigung

Die hier aufgezeichnete Partie zwischen *Seyb* (Weiß) und *Wielk* (Schwarz) zeigt uns eine besonders gern gespielte Eröffnung: die Sizilianische Verteidigung.

Seyb – Wielk

| 1. | e2-e4 | c7–c5 |

Schwarz beantwortet den Zug e2–e4 durch einen indirekten Gegenzug, der verhindern soll, daß Weiß mit einem Bauern das Feld d4 besetzt. Der Zug sieht sehr harmlos aus, führt aber für Schwarz zu einer stabilen Verteidigung, aus der er freilich erst viel später zum Gegenangriff antreten kann. Es ist eine typisch positionelle Eröffnung, die von beiden Parteien höchste Aufmerksamkeit fordert.

| 2. | Sg1–f3 | a7–a6 |

Dieser Zug, bekannt als die *Beverwijker Variante* oder *O'Kelly-Verteidigung* der Sizilianischen Partie ist sehr problematisch. Viele Fachleute halten ihn für nicht ganz vollwertig, andere, z. B. Euwe, sind von seinem Wert überzeugt.

3.	d2–d4	c5:d4
4.	Sf3:d4	d7–d6
5.	Sb1–c3	Sg8–f6

Weiß strebt nach schneller Entwicklung, Schwarz versucht, eine stabile Verteidigung aufzubauen.

| 6. | Lc1–g5 | Sf6–d7? |

Schwarz begeht einen groben Fehler. Eine entwickelte Figur wird sozusagen zurückentwickelt. Sie verbaut noch obendrein dem Läufer die Linie. Durch solche Züge verdirbt man sich nur das eigene Spiel.

7.	Lf1–d3	h7–h6
8.	Lg5–h4	g7–g6
9.	Sc3–d5	– – –

Je nach dem Kulturraum und dem herrschenden Geschmack sind die Vorstellungen, die sich mit dem Schachspiel verbinden, verschieden. Das zeigt sich sehr schön in den Figuren: Die Ritterfigur ist der König eines deutschen Spiels aus dem vorigen Jahrhundert; etwa aus dem Jahr 1750 stammt die Porzellanfigur eines Bauern in türkischer Tracht (Deutschland); aus Horn geschnitzt ist die javanische Schachfigur (rechts)

Weiß kann auf Grund der mangelhaften Züge seitens Schwarz
– es muß noch einmal betont werden: nur auf Grund der
mangelhaften Züge – schon jetzt zum Angriff übergehen.

       9. – – –   g6–g5?

Wieder ein schlechter Zug, der keine der schwarzen Figuren
zur Entwicklung bringt. Hier hätte unbedingt Sb8–c6 gespielt werden müssen. Schwarz hat noch keine Figur richtig
entwickelt, Weiß dagegen bereits vier!
Und schon wird Schwarz gejagt.

      10. Sd4–e6   – – –

Weiß greift die Dame an. Der Springer kann nicht geschlagen
werden, weil nach f7:e6 bereits Dd1–h5†† erfolgt. Schwarz
versucht seine Dame zu retten.

      10.   – – –   Dd8–a5†
      11. b2–b4   – – –

Schwarz müßte bereits die Dame opfern. Er glaubt aber noch immer, sie retten zu können.

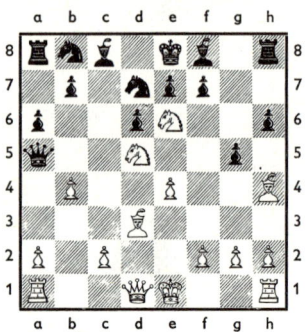

11. – – –   Da5–a4
          12.   Sd5–c7 ††

Ein schönes Lehrbeispiel dafür, daß man seine Figuren möglichst schnell entwickeln sollte, am besten sogar noch schneller als der Gegner.

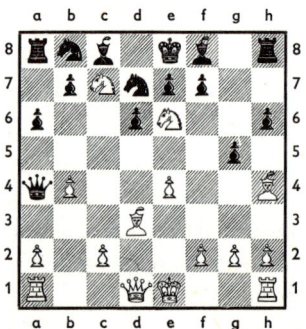

Mangelhafte Entwicklung rächt sich – man merke es sich! – im Schach bei 98 von 100 Fällen bald! Bei den restlichen zwei Prozent handelt es sich meist um bewußt fehlerhaft wirkende Eröffnungen, raffiniert ausgeklügelte Kombinationen von Schachmeistern. Diese Ausnahmen bestätigen aber nur die Regel. Soviel zu Entwicklungsfehlern.

Im Gegensatz zu den bisher besprochenen Eröffnungen, in denen Weiß mit dem Doppelschritt des Königsbauern e2–e4 eröffnete, werden die nun folgenden Eröffnungen durch einen Doppelschritt des Damenbauers (d2–d4) eingeleitet. Die Spiele bekommen dadurch einen ganz anderen Charakter. Sie bleiben im allgemeinen geschlossener und sind meist ausgesprochene Positionsspiele (Stellungsspiele), in denen zunächst nur das positionelle Übergewicht erstrebt wird; taktische und kombinatorische Verwicklungen treten erst später auf, sind aber meist hintergründiger und schwerer durchschaubar.

Das Damenbauernspiel

	Weiß	Schwarz
1.	d2–d4	d7–d5
2.	Sg1–f3	c7–c5

Die Partie ist schon durch die ersten beiden Züge charakterisiert. Schwarz kann sich in dieser Spielweise sehr gut den Vorstoß c7–c5 leisten, der zwar nicht die Entwicklung fördert, wohl aber die schwarzen Zentrumsbauern verstärkt. Schlägt Weiß nun den Bauern c5, der scheinbar geopfert wird, so gleicht Schwarz durch die Dame d8–a5 mit Schachgebot im nächsten Zuge wieder aus. Oder aber durch die Züge Sb8–c6, e7–e6 und früher oder später durch Lf8:c5. Deshalb vermeidet Weiß den Tausch und entwickelt sich lieber weiter:

3.	Lc1–f4	Sb8–c6
4.	e2–e3	Dd8–b6
5.	Sb1–c3	Db6:b2?

Während bisher alles im Zuge einer planmäßigen Entwicklung erfolgte, weicht Schwarz nun von diesem Wege ab und

geht bei unentwickelter Stellung mit der Dame auf Bauern-
fang. Weiß kann mit dem Springer ein Gegenspiel einleiten:

6.	Sc3–b5	Ke8–d7

Für Schwarz drohte ein Springerschach auf c7 mit an-
schließendem Verlust des Turmes auf a8; deshalb sah er sich
zu diesem unglücklichen Königszug gezwungen.

7.	Ta1–b1	Db2:a2
8.	Lf4–c7!	Sg8–f6

Es folgt nun eine rücksichtslose Damenjagd.

9.	Sb5–c3	Da2–a3
10.	Tb1–b3	– – –

Die schwarze Dame ist verloren.

Das Damengambit

Diese meistgespielte Eröffnung in bedeutenden Turnieren
ist gekennzeichnet durch die Züge:

	Weiß	*Schwarz*
1.	d2–d4	d7–d5
2.	c2–c4	– – –

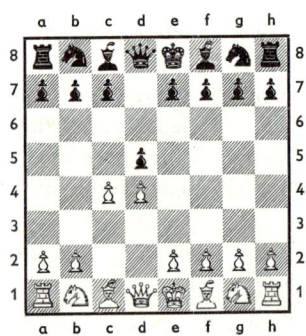

Dieses Bauernangebot von Weiß ist nur ein Scheinopfer.
Schwarz nimmt es nur in seltenen Fällen an, denn er kann

seinen von d5 nach c4 schlagenden Bauern doch nicht verteidigen, ohne an anderer Stelle schwere Einbußen zu er-
leiden. Außerdem würde der weiße Läufer f1 den schwarzen
Bauern auf c4 sofort wieder schlagen und so einen aus-
gezeichneten Platz im Spielfeld bekommen.

2.	– – –	d5:c4
3.	Sg1–f3	c7–c6
4.	e2–e3	b7–b5
5.	a2–a4	Dd8–b6
6.	a4:b5	c6:b5
7.	b2–b3	c4:b3
8.	Dd1:b3	b5–b4
9.	Db3–d5	Lc8–b7
10.	Lf1–b5†	– – –

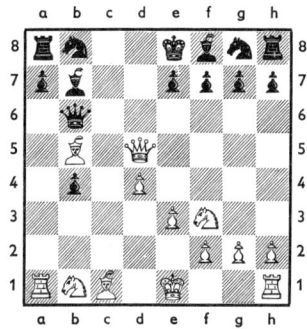

Kann Schwarz die Katastrophe abwenden?

10.	– – –	Lb7–c6
11.	Sf3–e5!!	– – –

Schwarz kann die Dame nicht schlagen, aber den Läufer.

11.	– – –	Db6:Lb5
12.	Dd5:f7†	Ke8–d8
13.	Df7:f8†	Lc6–e8
14.	Df8:g7	– – –

Weiß erobert nun den Turm h8 und wird das Spiel leicht
gewinnen.

Das abgelehnte Damengambit

	Weiß	*Schwarz*
1.	d2–d4	d7–d5
2.	c2–c4	– – –

Wir haben hier wieder – wie im vorigen Spiel – die Grundstellung des Gambits. Will Schwarz den angebotenen Bauern
nicht schlagen, muß er seinen eigenen Bauern auf d5 durch
c7–c6 oder Sg8–f6 oder aber durch

2.	– – –	e7–e6

verteidigen. Diese letzte Art der Verteidigung nannte Dr.
Tarrasch scherzhaft die *orthodoxe*, d. h. die althergebrachte.
Sie ist am einfachsten und logisch.

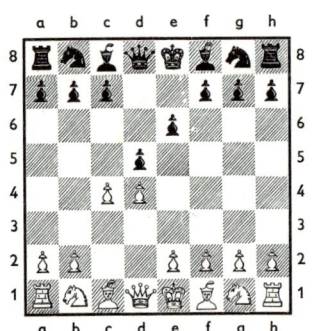

3.	Sb1–c3	Sg8–f6
4.	Lc1–g5	Lf8–e7
5.	e2–e3	00
6.	Lf1–d3	d5:c4

Schwarz schlägt den c-Bauern erst jetzt, weil er nun den
weißen Läufer, der eben gezogen hat, zwingen kann, nochmals zu ziehen.

7.	Ld3:c4	c7–c5

Dieser Entwicklungszug von Schwarz ist notwendig. Schwarz
kann nämlich jetzt eventuell die Macht der beiden gegnerischen Mittelbauern durch Abtausch auf d4 brechen (z.B.

nach einem versuchten Vorstoß des weißen Bauern e3–e4).

8. Sg1–f3   – – –

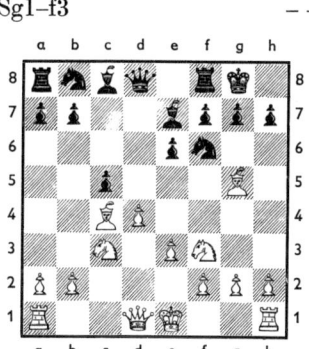

Aus dieser Stellung entwickelte sich während einer Turnierpartie in Straßburg zwischen *Berthold* und *Schwarz* der
folgende interessante Kampf:

8.	– – –	b7–b6
9.	00	Lc8–b7
10.	Dd1–e2	Sb8–d7
11.	Tf1–d1	Sf6–e4

Beide Parteien haben ihre Figuren erst entwickelt, ehe sie
jetzt Angriff und Verwicklung suchen.

12.	Lg5:e7	Dd8:e7
13.	Ta1–c1	e6–e5
14.	d4:c5	Sd7:c5
15.	Sc3–d5	– – –

Da Schwarz noch nicht weiß, wo er die Dame hinziehen soll,
tauscht er den Läufer gegen den Springer. Hier sehen wir die
Macht der offenen Turmlinie, denn wo Schwarz auch hin-
zieht, er verliert jeweils die Qualität. Stellt er aber seine
Dame in die d-Linie, so muß er jederzeit damit rechnen, daß
sie durch Abzug des Springers d5 bedroht wird. Also bleibt
nur der Zug:

15.	– – –	Lb7:d5
16.	Lc4:d5	– – –

Der Läufer greift jetzt den Turm auf a8 an, und um diesen nicht zu verlieren, zieht ihn Schwarz:

16.	– – –	Ta8–d8
17.	b2–b4!	– – –

Weiß greift den Springer auf c5 an, der seinen „Kollegen" auf e4 deckt. Hätte Schwarz im letzten Zug seinen Turm nicht auf d8 gezogen, verlöre er nun einen seiner Springer. So aber greift er jetzt den Läufer d5 doppelt an:

17.	– – – ·	Se4–f6
18.	e3–e4	Sc5–d7
19.	Tc1–c7	– – –

Der Einbruch des weißen Turmes in die schwarzen Linien scheint Schwarz die Nerven zu rauben. Er glaubt, nur noch in einem Abtausch Rettung zu finden. Die Folgen sind charakteristisch: Die weißen Figuren können noch tiefer in das feindliche Lager eindringen!

19.	– – –	Sf6:Ld5
20.	Td1:Sd5	a7–a5
21.	Sf3:e5	– – –

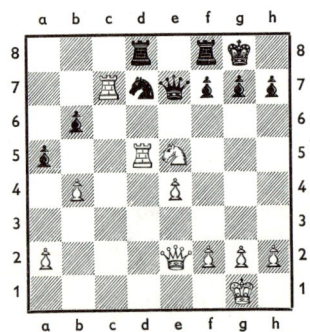

Wie soll Schwarz sich aus dieser fürchterlichen Umklammerung befreien? Der Springer kann nicht geschützt werden. Falls er aber gezogen wird, geht die Dame verloren. Also muß Schwarz die Dame für Turm und Springer hergeben:

21.	– – –	De7:Se5
22.	Td5:De5	Sd7:e5
23.	b4:a5	b6:a5
24.	f2–f4	– – –

Diesen Zug macht Weiß, um bei einem Turmschach nicht überraschend schachmatt gesetzt zu werden.

24.	– – –	Se5–g6
25.	g2–g3	a5–a4

Nun ist der Springer vom Spiel abgeschnitten.

26.	e4–e5	Td8–a8

Dieser Zug zeigt, daß Schwarz zu resignieren beginnt. Und sogleich brechen die weißen Bauern auf dem Königsflügel ein.

27.	f4–f5	Sg6–h8
28.	f5–f6	Sh8–g6
29.	e5–e6	f7:e6

Mit g7:f6 hätte sich Schwarz noch etwas länger verteidigen können. Nun aber folgt ein Schachmatt in drei Zügen!

30.	Tc7:g7†	Kg8–h8
31.	De2–h5	Tf8:f6
	32. Dh5:h7††	

Die Cambridge-Springs-Verteidigung

Von den zahlreichen Varianten des Damengambits wollen wir hier noch die ersten Züge der Cambridge-Springs-Verteidigung des abgelehnten Damengambits zeigen. Diese Variante stammt von dem amerikanischen Großmeister *Pittsbury*, der sie 1904 im Turnier von Cambrigde-Springs wiederholt spielte.

Weiß		*Schwarz*
1.	d2–d4	d7–d5
2.	c2–c4	e7–e6
3.	Sb1–c3	Sg8–f6

Weiß erstrebt ein starkes Zentrum und einen aggressiven Aufbau seiner Figuren.

4. Lc1–g5   Sb8–d7

Hier gibt es folgende schöne Eröffnungsfalle: c4:d5, e6:d5; Sc3:d5, Sf6:d5!; Lg5:Dd8, Lf8–b4†; Dd1–d2, Lb4:d2†; Ke1:d2, Ke8:d8; Schwarz hat einen Springer gewonnen.

5.	e2–e3	c7–c6
6.	Sg1–f3	Dd8–a5
7.	Sf3–d2	Lf8–b4
8.	Dd1–c2	00
9.	Lf1–e2	e6–e5
10.	d4:e5	Sf6–e4
11.	Sd2:e4	d5:e4
12.	00	Lb4:c3
13.	b2:c3	Sd7:e5
14.	Dc2:e4	f7–f6

In diesem Zeitpunkt, dem Endstadium der Entwicklung, droht Weiß eine heimtückische Falle:

15. Lg5–f4   Lc8–f5!

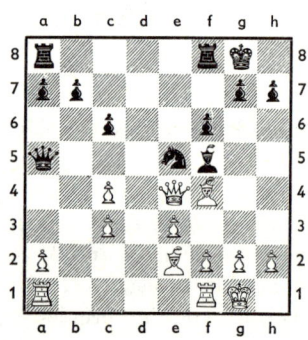

16. De4:Lf5   Se5–f3 +
17. Le2:f3   Da5:f5!

Weiß kann zwar noch weiterspielen, ist aber durch den Verlust der Dame entscheidend geschwächt.

Finden Sie den Gewinnzug?

Schwarz zieht

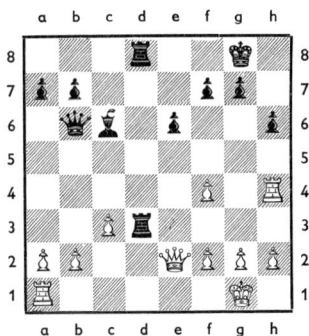

Lösung: Db2! Da die Grundlinie von Weiß nicht geschützt ist, darf die Dame nicht geschlagen werden. Schwarz greift aber Turm und Dame an und droht durch Schlagen des Turmes auf a1, gefolgt von Td1 matt. Weiß verliert also mindestens den Turm und später noch die Dame, die das Matt verhindern muß.

Der Kiebitz

Bei einem internationalen Schachturnier, das von den Röchlingwerken in Saarbrücken veranstaltet wurde, erlebte ich folgende nette Situation:

Schon in der Eröffnung hatten die Spitzenspieler die Damen vollkommen korrekt getauscht.

Zu den vielen Kiebitzen trat nun noch ein neuer, der den Kopf über meine Schulter hob und mit dem Ausdruck größter Verwunderung murmelte: „Das sind aber zwei schwache Spieler!"

Alles konnte man natürlich eher erwarten als diese Feststellung.

„Ja, sehen Sie's denn nicht", flüsterte der Mann wieder so laut, daß es auch die beiden Spieler hören mußten, „die haben ja schon beide ihre Dame verloren!"

67

Die Königsindische Verteidigung

Diese Spielweise ist im Gegensatz zur orthodoxen Verteidigung des Damengambits ausgesprochen modern. Sie wird heute bei Turnieren in vielen Varianten gespielt. Allerdings ist die Königsindische Verteidigung für beide Seiten sehr schwierig. Schwarz nimmt ein beengtes Spiel hin, um die weiße Stellung auflockern zu können, und leitet erst später, zwischen dem 15. und 20. Zug, ein Durchbruchsspiel ein.

	Weiß	*Schwarz*
1.	d2–d4	Sg8–f6
2.	c2–c4	g7–g6
3.	Sb1–c3	Lf8–g7
4.	e2–e4	d7–d6

Das ist die typische Stellung einer Königsindischen Verteidigung.

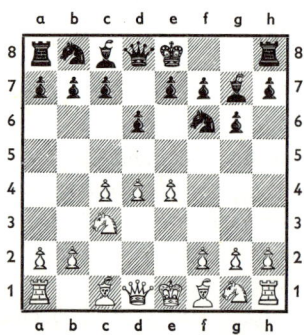

Die Gefahren, die diese Verteidigung für Weiß in sich birgt, zeigt die hier aufgezeichnete Partie zwischen *Herberger* und *Stahmann*. (Die Partie wurde 1952 in München gespielt.)

5.	Sg1–f3	00
6.	Lf1–d3	Lc8–g4
7.	h2–h3	Lg4:Sf3

| 8. | Dd1:Lf3 | Sb8–c6 |
| 9. | Lc1–e3 | Sf6–d7 |

Durch diesen Zug greift Schwarz den Bauern d4 zweifach an. Weiß ahnt nichts Böses und schützt ihn einfach zusätzlich mit dem Springer.

| 10. | Sc3–e2? | Sd7–e5! |

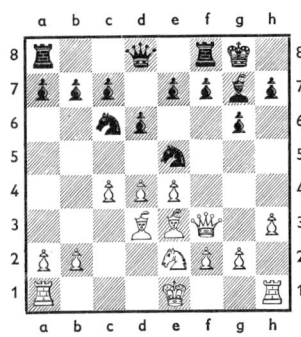

| 11. | d4:Se5 | Sc6:e5 |

Weiß muß nun seine Dame retten.

12.	Df3–g3	Se5:Ld3†
13.	Ke1–f1	Sd3:b2
14.	f2–f4	– – –

Weiß versucht nun, durch einen übereilten Angriff seine Bauernverluste wieder auszugleichen, gerät aber dadurch in noch größere Bedrängnis.

| 14. | – – – | Sb2:c4 |
| 15. | Ta1–c1 | – – – |

Weiß rettet den Turm vor dem Läufer g7.

15.	– – –	Sc4:e3†
16.	Dg3:Se3	f7–f5
17.	e4–e5	d6:e5
18.	f4:e5	f5–f4
19.	Se2:f4	Tf8:f4†
20.	De3:f4	Dd8–d5

21.	Kf1–g1	Lg7 : e5
22.	Df4–g4	Ta8–f8
23.	Tc1–d1	Dd5–c5†

Und Weiß gibt auf, denn er verliert nun in wenigen Zügen alles.

Da in unserer Partiensammlung noch genügend Eröffnungen besprochen werden, wollen wir hier dieses umfangreiche Thema erst einmal beenden. Der sicherste und beste Weg, Schachspielen zu lernen, bietet sich uns ja nicht so sehr im theoretischen Studium einzelner Eröffnungen, sondern im Nachspielen hervorragender Partien.

AUS DER GESCHICHTE DES SCHACHSPIELS

Der Erfinder des Schachspiels wurde nach der Legende eines Tages zu seinem König gerufen und mit höchsten Ehren empfangen. Der König erklärte, er habe sich nun schon ein

halbes Menschenalter mit dem Schach beschäftigt, und immer noch sei es jedesmal neu und wunderbar wie am ersten Tag. Kein Mensch habe ihm so viel Freude und Entspannung, Überlegenheit und Weisheit vermittelt wie eben dieses Spiel. Darum möge er, der Erfinder, einen Wunsch äußern, und sei dieser auch noch so groß, er werde ihm doch erfüllt.

Der Erfinder überlegte einen Augenblick und forderte dann verschmitzt lächelnd, man gebe ihm ein Weizenkorn für das erste Feld des Spielbrettes, zwei Körner für das nächste, vier für das dritte und so jeweils die doppelte Menge für alle 64 Felder.

Konnte man ihm den Wunsch erfüllen?

Schachzüge verraten den Menschen

Mathematiker haben errechnet, wie groß die Wahrscheinlichkeit ist, daß ein Schachspieler wieder einmal die haargenau gleiche Partie spielt. Sie sind zu folgendem interessanten Ergebnis gekommen:

Ein Spieler, der mit viel Freude, Phantasie und Erfindungsreichtum spielt, könnte eine Million Jahre leben und nichts anderes tun, als Schach spielen, und müßte doch nicht zwangsläufig die Wiederholung einer Partie erleben. Ein Spieler, der sich eng an die theoretischen Analysen der sogenannten „besten Züge" hält, also jedes Risiko scheut und nur Routinezüge macht, kann schon im Laufe eines Lebens in die Lage kommen, sehr ähnliche, aber nicht unbedingt genau gleiche Partien spielen zu müssen. Voraussetzung ist allerdings, daß er gegen ähnlich eingestellte Partner antritt.

Nur Gegner, die so gut in der Theorie beschlagen sind, daß sie ganze Großmeisterpartien und deren Analysen im Kopf haben, und die obendrein jedes eigene Denken scheuen und darauf aus sind, dem Gegner möglichst schnell ein Unentschieden anzubieten, haben die unrühmliche Chance, wiederholt vollkommen gleiche Partien zu spielen.

Dazu darf man bemerken, daß es sich hier nicht um Partien im eigentlichen Sinn, sondern um Nachspiele handelt, um Nachäffungen am grünen Tisch ausgedachter Möglichkeiten, die den ungeheuren Reichtum des Schachs verkennen. Diese zum Glück äußerst geringe Zahl von Spielern ist Geizhälsen vergleichbar, Millionären, deren Marotte es ist, immer den gleichen Anzug zu tragen, immer die gleiche dürftige Kost

zu löffeln. Sie haben geradezu Angst davor, ihr Geld auszu-
geben, eben weil sie damit nichts Rechtes anzufangen
wissen.

Auf der anderen Seite gibt es wie im Leben auch im Schach
Verschwender. Sie prassen zwar, kommen aber doch nie
richtig zum Zuge und bleiben innerlich unbefriedigt. Ohne
eine Planung, die mit der eigenen Überzeugung harmoniert,
kann man eben doch nicht glücklich werden. So betrachtet,
ist das Schachspiel eine Lebensschule, die unsere Schwächen
offenbart, uns aber zugleich auch lehrt, sie zu überwinden:
Voreiligkeit, Selbstüberschätzung, Unüberlegtheit, falsche
Gutgläubigkeit, mangelnde Entschlossenheit, Voreinge-
nommenheit, vorzeitige Aufgabe in schwierigen Situationen –
für all das erhält man sehr schnell seine Quittung. Dagegen
werden Geduld, Ausdauer, Freude an der Leistung, gut
durchdachte Einfälle, Mut zum Wagnis, aber auch Verzicht
auf unklare Spekulationen, gesunder Optimismus, Konsequenz und die Bemühung, möglichst zwei Schritte weiter zu
denken als der Gegner, belohnt. Am meisten freilich kommt
es darauf an, verlieren zu können und daraus die richtigen
Konsequenzen zu ziehen – und vor allem, sich an der guten
Leistung des Gegners ungeteilt freuen zu können. Ohne die
Leistung und das wahrhafte „Mitmachen" des Gegners gäbe
es kein schönes Spiel. Einen Gegner einfach zu überrennen
und auf plumpe Art zu überlisten wird nur im Anfang
Freude machen. Als geistreich und befriedigend empfinden wir
schon bald nur noch die Spiele, in denen jeder sein Letztes
hergibt und der Sieg schließlich dem zufällt, der in der
Summe jener Eigenschaften überlegen war, die vorhin erwähnt worden sind.

Doch nun genug der Theorie und des Fachsimpelns! Was
bedarf es langer Überlegungen und vieler Worte, wenn wir
die Möglichkeit haben, durch das Spiel selbst Erfahrungen
zu sammeln und tiefer in das Wesen des Schachs einzudringen! Einen guten Weg gehen wir, indem wir die Partien
berühmter Meister nachspielen. Eine umfangreiche Auswahl
enthält das folgende Kapitel.

INTERESSANTE UND BERÜHMTE PARTIEN

Unsere Partiensammlung haben wir ganz dem Thema dieses
Buches, *Freude am Schach*, gewidmet. Aus einer Vielzahl
von annähernd eineinhalbtausend Partien haben wir die-
jenigen ausgesucht, die dem Anfänger wie dem Meister
Freude bereiten werden, wenn er sich im Nachspiel in ihren
Reichtum versenkt. Im Gegensatz zu anderen Schachbüchern
haben wir etwas Neues versucht: Wir wollen dem Anfänger
an Hand spannender Partien einen kleinen Schachlehrgang
geben, der ihn Schritt für Schritt mit den Grundgedanken
des Spiels in der Eröffnung, in Aufbau und Plan, in Kombination und Strategie gerade so weit vertraut macht, daß er
wirklich Freude am Schachspiel empfinden lernt. Empfinden
lernt? Ja, denn auch im Schachspiel muß man, ähnlich wie
beim Lesen, einiges lernen. Wie sich die Buchstaben dem
Abc-Schützen aneinanderreihen und sinnvolle Wörter ergeben, so lernt der Schachspieler das Zusammenwirken der
Figuren allmählich immer besser verstehen und gewinnt
von Spiel zu Spiel mehr Freude daran. Wie aber könnte man
das leichter erreichen als im Nachspielen lebendiger Partien
aus der überaus reichhaltigen Sammlung des königlichen
Spiels der letzten hundertfünfzig Jahre?

Gewiß kann man vom Standpunkt der überaus fortgeschrittenen Schachtheorie da und dort Einwendungen machen, kann
einwenden, daß dieser oder jener Zug besser gewesen wäre,
und wir werden auch den Lernenden auf alle möglichen
groben Fehler hinweisen. Aber es ist nicht der Sinn dieses
Büchleins, ein neues schachtheoretisches Werk zu sein. An
solchen Büchern besteht kein Mangel. Wir wollen vielmehr
das lebendige Spiel betrachten und nachempfinden, was
Tausende und aber Tausende, was Generationen um Generationen in aller Welt immer wieder fasziniert.

Der verlockende Köder

Napoleon – Bertrand

Diese Partie zweier geschichtlicher Persönlichkeiten, des
französischen Kaisers Napoleon I. und seines Generals
Bertrand, wurde während Napoleons Verbannung auf
St. Helena gespielt. In dieser Partie – wie übrigens in vielen
anderen auch – spiegeln sich die gegensätzlichen Charaktere
wider: draufgängerisch, auf stürmischen Angriff und überlegene Kombination bedacht, Napoleon. Auf materielle
Überlegenheit hinarbeitend, die Chance zum Gegenschlag
mit überlegenen Kräften abwartend, sein General. Gleich
in den ersten Zügen der Eröffnung des Spiels wird deutlich:
Napoleon (Weiß) ist auf schnelle Entwicklung bedacht; der
General bemüht sich zwar, Schritt zu halten, läßt sich aber
durch den Vorteil eines Bauerngewinns verleiten, auf
weiteren Raub zu spähen.

1. Sg1–f3   Sb8–c6
2. e2–e4   e7–e5

Beide Spieler ziehen in diesen wie in den folgenden
Zügen zunächst die Springer
und die beiden Mittelbauern,
um für die Läufer freie Bahn
zu bekommen und schließ-
lich die Dame und die Türme
entwickeln zu können, sie

auf wirkungsvolle Plätze zu ziehen. Denn erst, wenn alle Figuren am Kampf beteiligt sind, ist die Schachpartie eröffnet. Wer sich mit zu wenig Kräften auf Vorgefechte einläßt, wird den kürzeren ziehen.

3.	d2–d4	Sc6:d4
4.	Sf3:d4	e5:d4
5.	Lf1–c4	Lf8–c5
6.	c2–c3	Dd8–e7

Der Kaiser hat den feindlichen Bauern auf d4 zunächst stehenlassen, um seine Entwicklung voranzutreiben. Jetzt zieht er den Bauern c2 auf c3, mit der Absicht, ihn von dem gegnerischen Bauern d4 schlagen zu lassen. Er könnte dann mit seinem Springer b1 auf c3 schlagen. Weiß verliert zwar auf diese Weise einen Bauern, placiert aber dafür seinen Springer besser. Schwarz wird in vielen Fällen glauben, daß der Gewinn des Bauern mehr wert ist als die etwas bessere Stellung von Weiß. Der General vermag sich jedoch nicht zu dieser Spielweise zu entschließen. Er möchte zwar den Bauern gewinnen, aber nicht den weißen Sprin-

ger auf das Feld c3 lassen, von wo er zu stark in den Kampf eingreifen kann. So entschließt sich Schwarz zu einem Damenzug und droht nun seinerseits dem Gegner. Schlägt nämlich der weiße Bauer c3 jetzt d4, so daß der schwarze Läufer c5 angegriffen wird, dann schlägt die weiße Dame auf e4 mit Schach(†) und gewinnt im nächsten Zug noch obendrein den Bauern d4. Diese Drohung beantwortet Weiß mit einer Falle:

7.	00	– – –

Freilich durchschaut jeder geübte Schachspieler sehr bald eine solche Falle. Würde nämlich jetzt die Dame auf e4 schlagen, so antwortet Weiß mit Tf1–e1, und Schwarz verliert seine Dame gegen den Turm, weil sie sich nicht retten kann, ohne den eigenen König bloßzustellen. Natürlich erkennt der General die Gefahr, dennoch reizt es ihn, seinen Bauern d4 durch einen scheinbar harmlosen Damenzug weiterhin zu verteidigen, der in Wirklichkeit aber auf eine gute Angriffschance spekuliert:

7. – – –   De7–e5
8. f2–f4   – – –

Das Drama beginnt. Der Kaiser unternimmt einen sehr scharfen zweischneidigen Gegenangriff. Der General nimmt die Herausforderung an. Ja, er hat einen eigenen Plan, dessen Gefährlichkeit sich bald zeigen wird. Und schon nach den nächsten beiden Zügen steht man vor der Frage: Wer hat weiter gedacht: der General oder Napoleon? Zunächst antwortet der General mit einem Abzugsschach:

8. – – –   d4:c3†
9. Kg1–h1   c3:b2

Obwohl die Dame des Generals noch immer einsteht, sieht es im Moment für den Kaiser recht bedrohlich aus, denn der Bauer auf b2 droht, Ta1 zu schlagen und sich dabei gleichzeitig in eine Dame zu verwandeln.
Schwarz könnte also seine Dame schlagen lassen und würde im Endergebnis doch einen Turm gewonnen haben! Schlägt nun aber der Läufer c1 den Bauern b2, so schlägt die schwarze Dame den Läufer. Wieder hätte der General eine Figur gewonnen. Was

kann Weiß dagegen unternehmen? – Der Kaiser hat schon seit mehreren Zügen diese Stellung im Auge gehabt und spielt nun seinen ersten Trumpf aus, ein unerhört starkes Läuferopferangebot.

10. Lc4:f7†   Ke8–d8

Hätte Schwarz das Opfer angenommen und den Läufer auf f7 mit seinem König geschlagen, so hätte er die Dame verloren und wäre in wenigen Zügen regelrecht vernichtet worden. Denn Weiß hätte dann die Dame auf e5 mit dem Bauern f4 geschlagen und gleichzeitig dem Turm f1 freie Bahn gegeben, den König anzugreifen. Schwarz wird also dadurch gezwungen, den König aus der Bedrohung herauszuziehen, was Weiß wiederum die Gelegenheit gibt, sich des gefährlichen Bauern auf b2 durch Schlagen mit seinem Läufer zu entledigen.
Ganz gewiß hat Bertrand mit diesem Einschlag gerechnet. Noch kann ihm scheinbar nichts Ernsthaftes passieren, denn er droht ja immer noch, eine Figur zu gewinnen. Diesen Köder gönnt nun der

Kaiser seinem General. Er will unter Opfer seines Turmes die feindliche Dame in die hinterste Ecke seines eigenen Spielbereiches verbannen, um selbst ein größeres Ziel zu verfolgen:

11. f4:e5   b2:a1D

Schwarz hat die Dame zwar verloren, sie aber sofort wiedergewonnen und noch einen Turm erobert. Wird der Kaiser seinen Plan nun verwirklichen, oder hat er wirksame Gegenzüge seines Generals außer acht gelassen? Gewiß hatte er nicht alle möglicherweise eintretenden Folgen bedacht. Aber sein strategisches Gefühl für die Lage und die Aussicht auf durchschlagenden Angriff haben ihn zu diesen Entscheidungen bewogen. In einem solchen Stadium des Angriffs werden die ruhigsten Spieler nervös und müssen sich doch zur Ruhe zwingen, denn nun hängt von jedem Zug Sieg oder Verlust ab.

12. Lf7:g8   Lc5–e7

Schwarz schlägt mit dem Turm h8 nicht wieder, weil Weiß dann durch den Zug Dd1–b3 offensichtlich in Vor-

teil käme. Weiß könnte nämlich in diesem Fall entweder den Turm mit der Dame schlagen und ein entscheidendes Schach bieten oder den Läufer c1 auf b2 ziehen und die verbannte schwarze Dame erobern. Doch auch in dieser Lage verfolgt der Kaiser mit der ihm eigenen Zähigkeit seinen Plan:

13. Dd1–b3   a7–a5

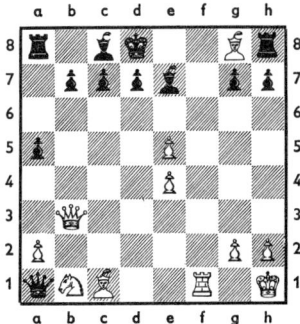

Matt in fünf Zügen!

Der Zug des Generals ist zu schwach. Er will die Dame vertreiben, was aber recht hilflos anmutet. Der Kaiser hat Gelegenheit für eine erstaunliche und hervorragende Kombination. Er findet ein Matt in fünf Zügen, das mit Recht ein kaiserliches Matt genannt werden kann, denn es ist von klarer Kon-

sequenz und dürfte selbst
von geübteren Schachspie-
lern auch nach diesem Hinweis nicht sofort gefunden
werden:

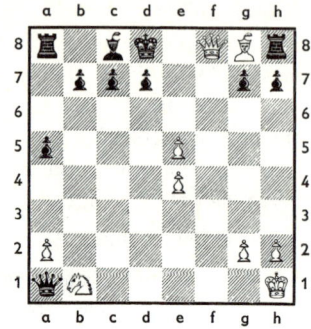

14.	Tf1–f8†	Le7:f8
15.	Lc1–g5†	Lf8–e7
16.	Lg5:e7†	Kd8:e7
17.	Db3–f7†	Ke7–d8
	18. Df7–f8††	

Die Kavallerie eröffnet das Gefecht

Napoleon – Madame de Rémusat

Eine zweite Partie des Kaisers scheint Charakter und Ver-
anlagung des berühmten Korsen noch deutlicher zu machen;
vor allem aber ist sie für jeden Schachspieler – auch für den
noch lernenden – außerordentlich spannend und lehrreich.
Es steht zwar fest, daß der Kaiser keine besonderen schach-
theoretischen Kenntnisse hatte – deshalb wird er auch in
der Schachliteratur nicht für ganz voll genommen –, aber
ebenso sicher ist, daß er mit großer strategischer Überlegung spielte. Der Schluß dieser Partie zeigt das sehr
anschaulich. Spontane Einfälle wechseln mit genau durch-
dachten Kombinationen, was wiederum seinem Tempera-
ment voll und ganz entspricht.
Es hat stets einen besonderen Reiz, Partien historischer
Persönlichkeiten zu verfolgen. Gibt doch das Schachspiel
dem Kenner Geheimnisse des Denkens und impulsiven
Handelns preis, wie sie in dieser Klarheit aus historisch
gewordenen Entscheidungen nicht mehr zu erkennen, geschweige denn nachzufühlen sind.

1. Sb1–c3	e7–e5
2. Sg1–f3	d7–d6

Es ist eine Eigentümlichkeit des Kaisers – sowohl auf dem Schlachtfeld wie auf dem Schachbrett –, das Gefecht mit der Kavallerie zu eröffnen, um den Gegner zu unbedachten Maßnahmen zu verleiten. Die ganze Gerissenheit des Korsen kommt in diesem Spiel zum Ausdruck, das noch obendrein von einer anderen Seite her überschattet wird: Napoleon hatte an dem Abend, an dem er diese Partie spielte, die Absicht, den Herzog von Enghien erschießen zu lassen, einen seiner verhaßtesten Widersacher jener Jahre. – Nach einem leicht zu widerlegenden Bluff, auf den man im Schachspiel wie in der Politik leider nur zu schnell hereinfällt und den hier Schwarz auch prompt nicht durchschaut, gelingt es dem Kaiser in wenigen Zügen eine bestechende Mattwendung herbeizuführen.

3. e2–e4	f7–f5
4. h2–h3	f5 : e4

Weiß öffnet das Spiel, um weitere Figuren ins Feld zu führen. Schwarz versucht, das Zentrum zu erobern, was ihm später auch scheinbar gelingt.

5. Sc3 : e4	Sb8–c6
6. Sf3–g5	d6–d5

Diese Kavallerieattacke des Kaisers ist ein ausgesprochener Bluff, der eben nur Erfolg hat, wenn er nicht durchschaut wird. Der Lernende merke sich solche Stellungen und verweile hier einen Augenblick, um zu sehen, wie man diesem Zug des Kaisers am besten hätte begegnen können: Schwarz hatte zum Beispiel im 6. Zuge die Möglichkeit, den Läufer f8 auf e7 zu ziehen und dadurch den Springer g5 zum Rückzug zu zwingen. Verteidigt aber Weiß den Springer statt dessen nochmals durch den Läufer c1,

indem er den Bauern d2 auf d3 zieht, so kann Schwarz den Springer e4 durch d6–d5 bedrohen und Weiß schnell in Nachteil bringen. Aber auch der geschehene Zug ist sehr gut und hätte den Kaiser leicht in Schwierigkeiten bringen können.

7. Dd1–h5†   g7–g6
8. Dh5–f3   Sg8–h6

Der letzte Zug von Schwarz verhindert zwar das Schachmatt durch Df7. Er ist aber trotzdem ein ausgesprochener Fehler, der dem Kaiser die Gelegenheit zu einem regelrechten Handstreich bietet, einem Handstreich so recht nach dem Herzen des scharf zuschlagenden Korsen. Hätte jedoch Schwarz statt seines Zuges Sh6 De7 gespielt, so hätte der Kaiser einen seiner Springer verloren und wäre bald in Bedrängnis geraten. Auch der Zug Lc8–f5 hätte für Weiß ähnlich schlimme Folgen gehabt, denn beide Springer wären angegriffen (nur einer hätte sich retten können) und das Schachmatt ebenfalls verhindert worden.
Doch wie im Leben, so auch im Schachspiel: Eine einmal verpaßte Chance kommt nur in seltensten Fällen wieder. Nun aber – nachdem der Bluff gelungen ist – schlägt der Kaiser zu:

9. Se4–f6†   Ke8–e7

Es gibt keine andere Möglichkeit.

10. Sf6:d5†   Ke7–d6
11. Sg5–e4†   Kd6:d5
12. Lf1–c4†   Kd5:c4

Schwarz hat keine andere Wahl. Er wird zum Schlagen der Figuren gezwungen, bis er – auf der weißen Spielhälfte angelangt – von der weißen Dame mattgesetzt wird.

13. Df3–b3†   Kc4–d4
14. Db3–d3††

(Der König kann nicht über das Feld c5 fliehen, da es ja der weiße Springer auf e4 beherrscht.)

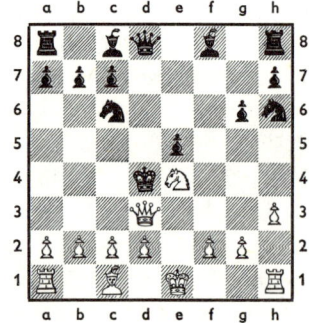

Paul Charles Morphy † (USA), der erste – wenn auch inoffizielle – Weltmeister im Schach

Wilde Entschlossenheit

Morphy – Jacson

Einer der genialsten Schachspieler aller Zeiten war der Amerikaner Paul Morphy. Sein unerhörter Angriffsschwung verlangte immer wieder höchste Bewunderung.

Morphy war es, dem es im Jahre 1858 gelang, den Anwärter auf die Weltmeisterwürde des königlichen Spiels, Adolf Anderssen, vernichtend mit dem Ergebnis 8:3 zu schlagen. Diese Leistung lernt man erst voll schätzen, wenn man ein-

mal die letzte Partie dieses Buches, die „Unsterbliche", nachspielt und die großartige kombinatorische Kraft Anderssens
erkennt.

Wir haben hier eine andere Partie gewählt, die für den
Lernenden wie für den Eingeweihten in mancher Hinsicht
noch interessanter, vor allem aber gradliniger ist. Sie zeigt
in aller Deutlichkeit die wilde Entschlossenheit, den Gegner
zu überrennen.

Der amerikanische Meisterspieler Jacson ist zwar in der
internationalen Schachwelt kaum hervorgetreten, aber dennoch ein recht bedeutender Spieler gewesen, der es Morphy
gewiß nicht leicht machen wollte. Versuchen wir einmal, in
dieses großartige Spiel einzudringen. Wieder werden wir
sehen, daß folgende Züge die Eröffnung kennzeichnen:
Ziehen der Mittelbauern, um den eigenen Figuren Linien
zu öffnen und dem Gegner die Felder des Zentrums zu
sperren. Die andere Partei kann ja diese Felder nicht beherrschen, solange sie von Bauern bedroht werden. Freilich
wird der Gegner dem, so gut es geht, entgegenwirken. Das
hat auch Jacson in dieser Partie versucht, und es wird selbst
einem geübten Schachspieler schwerfallen, den ersten Fehler
Jacsons zu erkennen. Waren es überhaupt Fehler im strengen
Sinne? Oder war es nur die gewaltige Überlegenheit Mor-
phys, die Jacson in die Knie zwang? Sehen wir uns die Partie
einmal genauer an:

1.	e2–e4	e7–e5
2.	Sg1–f3	Sb8–c6
3.	Lf1–c4	Sg8–f6
4.	d2–d4	e5:d4
5.	00	Sf6:e4
6.	Tf1–e1	d7–d5

Der amerikanische Meister
läßt sich seine zwei Mittelbauern schlagen, um in der
Eröffnung schneller als sein
Gegner zu sein, und lenkt

damit in einen der inter-
essantesten Angriffe ein, die
gleich aus der Eröffnung heraus unternommen werden:
in den Max-Lange-Angriff.
Schon jetzt ist das Spiel
packend und verblüffend.
Jeder Zug ist auf weite
Sicht voraus überlegt und
in seiner Wirkung berechnet –
schon entbrennt die Schlacht.

Weiß konnte diesen Angriff nur in die Wege leiten, weil Schwarz durch das Schlagen der beiden Bauern in seiner Eröffnung Zeit verlor. Nun schlägt Morphy seinerseits den Bauern d5 und opfert – anscheinend völlig sinnlos – seinen Läufer:

7. Lc4:d5   Dd8:d5

Es sieht tatsächlich auf den ersten Blick aus, als hätte Schwarz bereits ein überlegenes, ja gewonnenes Spiel. Aber da folgt einer jener Züge, die für das königliche Spiel so bezeichnend sind: Mit einem Schlage wendet sich das Blatt!

8. Sb1–c3!   – – –

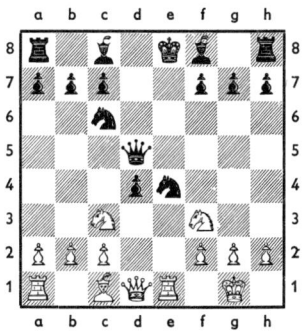

Was macht Schwarz nun? Er kann den Springer nicht mit dem Bauern schlagen,

denn die weiße Dame nähme die schwarze, und das Spiel wäre für Schwarz in wenigen Zügen verloren. Auch der schwarze Springer kann nicht schlagen, da er durch den weißen Turm gefesselt ist. Schwarz hat also keine andere Wahl, als die Dame zu ziehen und den doppelt angegriffenen Springer seinem Schicksal zu überlassen.

8. – – –   Dd5–h5
9. Sc3:e4   – – –

Schwarz muß jetzt unbedingt etwas gegen die furchtbare Drohung des Doppelschachs Sf6 unternehmen, denn der König könnte nur auf d8 ausweichen (bei einem Doppelschach muß der König immer ziehen!) und würde schon im nächsten Zuge Te1–e8 schachmatt! Schwarz entschließt sich zu

9. – – –   Lc8–e6,

um nach Möglichkeit noch zur großen Rochade zu kommen.

10. Se4–g5   Lf8–b4

Weiterer Angriff von Weiß und sofort Gegenangriff von Schwarz. Weiß nimmt die Herausforderung an und opfert die Qualität (der Turm ist ja, wie wir wissen, etwas mehr wert als ein Läufer):

11. Te1 :e6†   f7 :e6
12. Sg5:e6   – – –

Weiß will auf alle Fälle die Rochade seines Gegners verhindern und droht, auf g7 ein verheerendes Schachgardez zu geben. Er zwingt dadurch die Dame zum Rückzug und zum Verzicht auf Gegenangriffe.

12. – – –   Dh5–f7
13. Sf3–g5   – – –

Diese Stellung mag Weiß bei seinem 11. Zug (Qualitätsopfer) vorausgesehen haben. Sie ist für Schwarz überaus unangenehm, denn die Springer bedrohen nicht nur die Dame und viele Felder des schwarzen Lagers, sondern schützen sich obendrein noch gegenseitig.

13. – – –   Df7–e7
14. Dd1–e2   Lb4–d6

Durch Rückzug des Läufers versucht Schwarz sich einzuigeln. Er hat dabei jedoch einen gefährlichen Zug übersehen, der nur durch König e8–d7 hätte vermieden werden können. Weil Schwarz das unterläßt, kommt Weiß

jetzt zu einem interessanten und lehrreichen Angriff.

15. Se6 :g7†   – – –

Die schwarze Dame kann den Springer nicht schlagen, weil sie ihren eigenen König dann dem Angriff der weißen Dame preisgeben würde. Schwarz entschließt sich zu

15. – – –   Ke8–d7,

in der Hoffnung, doch noch die beiden Türme zum Gegenangriff ins Spiel zu bringen. Weiß pariert mit

16. De2–g4†   – – –

Nun wird die Kraft der beiden Springer deutlich. Schwarz hat nur noch einen Zug

16. – – –   Kd7–d8,

um den Verlust der Dame abzuwenden.

17. Sg5–f7†   – – –

Ein riskantes Opfer, das Schwarz annehmen muß, ob er will oder nicht.

17. – – –   De7:f7
18. Lc1–g5†   Ld6–e7
19. Sg7–e6†   Kd8–c8

Schwarz zieht auf c8, weil er hofft, so seinen König hinter den Bauern in Schutz bringen zu können. Wäre der König auf e8 ausgewichen, hätten folgende Züge bei

Damenverlust zum Matt geführt: Weißer Springer Se6:c7†, Ke8–f8; Lg5–h6†, Df7–g7; Dg4:g7††.

20. Se6–c5†   Kc8–b8

Schwarz hat in diesem wie in den folgenden Zügen keine andere Wahl.

21. Sc5–d7†   Kb8–c8
22. Sd7–b6†   Kc8–b8
(Doppelschach!)

Hätte Schwarz den König auf d8 gezogen, so wäre er durch die weiße Dame auf d7 mattgesetzt worden. Wie soll Weiß nun seinen Angriff fortsetzen? Eine Frage, die sich jeder Lernende an diesem Punkt der Partie einmal vorlegen sollte. Freilich könnte Weiß durch Springer d7†, Springer b6† usw. die Partie leicht unentschieden machen, aber hätte sich dann der Opferangriff wirklich gelohnt? Tatsächlich kommt es oft genug vor, daß der Gegner in solchen Stellungen doch noch eine verborgene Verteidigung findet, so daß man mit einem Unentschieden zufrieden sein muß. Aber hier hat Weiß zielstrebig auf ein Schachmatt hingearbeitet, das sich wahrhaft sehen lassen kann. –

Ein Schachmatt in zwei Zügen! Versuchen Sie es einmal zu finden. Sie werden ihre Freude daran haben.

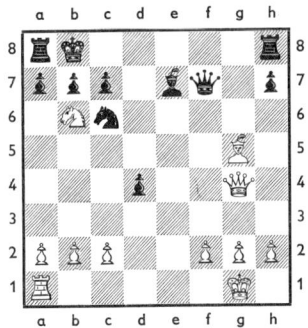

23. Dg4–c8†   Th8:c8
24. Sb6–d7††!

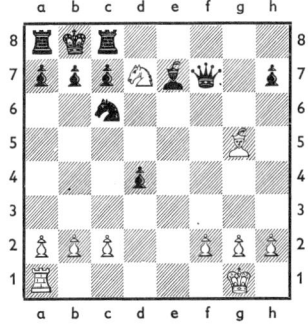

Das ist das berühmte sogenannte „erstickte Matt". Ein Mattbild, das man nur in Schachaufgaben für möglich hält, das aber tatsächlich hin und wieder in Partien vorkommt. In diesem Stellungsbild erkennen Sie die weite Vorausschau des amerikanischen Meisters, der durch sein Läuferschach auf g5 im 18. Zug Schwarz gezwungen hat, eine Figur auf e7 zu stellen. Damit entzog er die vorletzte Reihe dem Schutz der schwarzen Dame. Oder entspringt dieses Schachmatt, das wir weitblickender Berechnung zu-schreiben, nur einem guten Gefühl für das königliche Spiel? Jedenfalls wünschen wir jedem, der die Partien dieses Buches nachspielt, ein ähnlich sicheres Gefühl, ein Ahnungsvermögen, das sich allerdings nur dann bewährt, wenn es nicht aus leichtfertigem Optimismus, sondern aus gelassener Beurteilung erwächst.

Vorsichtige Verschlagenheit

Stalin – Jeshow

Diese Partie, die Stalin – kurz nach seiner Flucht aus der sibirischen Verbannung – gegen den späteren GPU-Chef spielte, hat schon rein historisch einen besonderen Reiz. Nur wenige Partien Stalins sind uns erhalten geblieben, denn der ,,unfehlbare" Diktator vermied es natürlich, etwas in die Öffentlichkeit kommen zu lassen, was einer Kritik hätte unterliegen können. Obwohl Stalin kein sehr gutes Schach spielte, konnte es nach 1926 niemand mehr wagen, gegen ihn zu gewinnen. Die hier aufgezeichnete Partie ist uns nur durch einen Zufall bekannt geworden. Ein alter Mitarbeiter Lenins, dessen Name leider nicht bekannt ist, hat sie aus der Erinnerung aufgeschrieben. Offensichtlich hat sie unter den Schachanhängern der damaligen bolschewistischen Führungsschicht die Runde gemacht. Bezeichnend ist, daß Stalin seinen GPU-Chef später, als er ihm auf politischer Ebene gefährlich wurde, auf eine taktisch ähnliche Weise zu Fall brachte wie in dieser Partie.

Stalin und die sowjetischen Ideologen haben das Schachspiel immer wieder gefördert, so daß es in Rußland mit 4–6 Millionen Schachspielern zu einem Volkssport geworden ist. Das Spiel wird von den Sowjets wahrscheinlich deshalb so sehr geschätzt, weil es Zähigkeit und taktisches Denken fördert und dazu erzieht, nicht zu schnell aufzugeben, sondern mit Hartnäckigkeit seine Ziele zu verfolgen. Vor allem aber, weil es lehrt, die Züge des Gegners zu berücksichtigen und die eigenen Pläne darauf abzustimmen. Das rein ,,Spielerische'' tritt zurück, und das Schach nimmt - bei einem unwahrscheinlich hohen Niveau - den Charakter eines betont intellektuell-theoretischen Kampfsports an. Dementsprechend werden die Turniere durch methodische Schulung vorbereitet und mit einer Härte ausgetragen, die ihresgleichen sucht. Die Spannung einer Turnierpartie, in der zwei Menschen antreten, um sich mit geistigen Mitteln im fairen Wettkampf zu messen, ist ja ohnehin schon groß. Wer ein solches Turnier miterlebt, sieht an dem Glanz der Augen, dem enormen Verbrauch von Zigaretten und der angespannten Konzentration, daß der Spieler um jeden Zug ringt, daß er vom Spiel besessen ist und seine Umwelt vollkommen vergißt. In der sowjetischen Schule kommt noch hinzu, daß von dem Ausgang einer Partie sozusagen das ,,geistige Ansehen'' des Spielers abhängt. Sein Spiel wird - wenn er erst einmal bekannt ist - vom ganzen Volk kritisch verfolgt. Es erfordert deshalb den Einsatz der ganzen Person und eine Vorbereitung, die den ganzen Lebens- und Tagesablauf mitbestimmt.

Die Sowjetunion kann heute eine Schachmannschaft aufstellen, die wahrscheinlich der Schachelite der gesamten übrigen Welt überlegen ist. Der Gewinn der sowjetischen Schachmeisterschaft wurde von einem französischen Berichterstatter einmal mit einem Marathonlauf verglichen, der neunzehnmal wiederholt werden mußte. (Es werden in der Endrunde 19 Partien gespielt!)

Auch in der vorliegenden Partie zeigt sich der methodische Charakter, der ganz darauf abgestellt ist, Spitzenleistungen zu erzielen.

Wenn wir bedenken, daß die Partie schon vor rund 50 Jahren gespielt wurde, müssen wir uns wundern, wie modern sie anmutet. Sie entspricht ganz dem stalinistischen Stil, immer auf Druck zu spielen, aber doch äußerste Vorsicht zu wahren und durch dauernde Drohungen auf möglichst undurchsichtige Weise zu besseren Stellungen zu kommen.

Die Partie beginnt mit einer *Sizilianischen Verteidigung:*

1. e2–e4   c7–c5

Die sizilianische Spielweise vermeidet zunächst einen offenen Konflikt im Zentrum und schafft in der Eröffnung gute Ausgangspositionen für den erst später folgenden Kampf.

2. Sg1–f3   d7–d6
3. d2–d4   c5:d4
4. Sf3:d4   Sg8–f6
5. Sb1–c3   Sb8–d7
6. Lf1–e2   a7–a6

Der letzte Zug muß im allmeinen während der Eröffnung – ähnlich wie h7–h6 – als Zeitverlust angesehen werden. Hier aber, in einem sogenannten geschlossenen Spiel, ist er gut, weil er Angriffe auf b5 vereitelt. Zugleich – und das ist das Wichtigste – bereitet er den Zug b7–b5 vor, der es dem Läufer c8 erlaubt, auf b7 zu ziehen, wo er bei dieser Spielweise am wirkungsvollsten steht.

7. 00   e7–e6

Schwarz erstrebt freie Bahn für seine Läufer.

8. f2–f4   b7–b5
9. a2–a3   – – –

Dieser Zug mußte kommen, weil Schwarz b5–b4 droht. Auf diesen Bauernzug müßte der weiße Springer c3 bewegt werden, und der von Sf6 angegriffene, wichtige Bauer e4 wäre nicht mehr gedeckt. Käme dann noch ein Angriff von Läufer c8–b7 und Springer d7–c5 hinzu, so könnte dieser Bauer kaum noch verteidigt werden.

9. – – –   Lc8–b7
10. Le2–f3   Dd8–b6
11. Lc1–e3   Db6–c7

Schwarz sieht ein, daß sich der Zug Springer d7–c5 nicht lohnt, denn Weiß könnte mit b2–b4, Sd4–f5! sofort einen gefährlichen Angriff starten.

12. Dd1–e2   Lf8–e7
13. g2–g4   Sd7–c5
14. De2–g2   00

15. Ta1–d1   Tf8–e8
16. g4–g5   – – –

Der Angriff beginnt. Schwarz läßt durch seine letzten Züge erkennen, daß von einem Gegenangriff nicht mehr die Rede sein kann. Viel wichtiger für ihn ist es jetzt, die Verteidigung so gut wie möglich zu organisieren.

16. – – –   Sf6–d7

Schwarz erwartet eiskalt den kommenden Angriff. Er weiß genau, daß sich jeder Ansturm totläuft, wenn die Bauern zu früh geopfert werden. Aber Stalin läßt seinen Gegner noch zappeln und verstärkt seine Angriffslinien.

17. Td1–d2   e6–e5

Schwarz reißt der Geduldsfaden.

18. Sd4–f5   Sc5–e6
19. Sf5:e7†   – – –

Weiß schlägt die wichtigste Verteidigungsfigur und kann nun seinen Angriff weiter vortragen. Schwarz muß den Springer natürlich schlagen.

19. – – –   Te8:e7
20. f4–f5   Se6–d4
21. f5–f6   Te7–e8
22. Lf3–h5   g7–g6

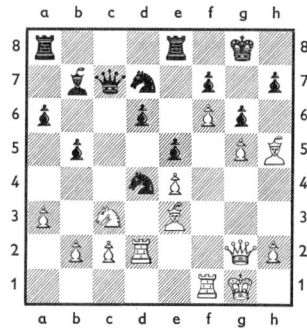

Auf jeden anderen Zug droht Weiß, die schwarze Königsstellung durch f6:g7 aufzureißen und damit die schwarze Stellung sturmreif zu machen. Schwarz indessen glaubt, durch den – scheinbar so einfachen – Zug g7–g6 die Situation noch einmal retten zu können. Hier aber zeigt sich die Verschlagenheit Stalins, denn gerade auf diesen scheinbar so klaren Abwehrzug hat Weiß ein noch stärkeres Angriffsspiel.

23. Lh5:g6   h7:g6

Schlüge Schwarz f7:g6, so folgte f6–f7†.

24. Dg2–h3   Sd4–e6

Schwarz schützt das Feld g7 gegen den Mattangriff der Dame, aber Weiß läßt nun nicht mehr locker:

25. Dh3–h6   Dc7–d8
26. Tf1–f3   – – –

Der Turm droht, nach h3 zu gehen und den Mattangriff der Dame unwiderstehlich zu machen. Schwarz entschließt sich zu einem Gegenopfer:

26.	– – –	Sd7 : f6
27.	g5 : f6	Ta8–c8
28.	Td2–f2	Dd8 : f6
29.	Tf3 : f6	

Man sollte meinen, daß Schwarz jetzt das Spiel aufgibt, aber es ist bezeichnend für den späteren GPU-Chef, der zeitweilig mächtiger wurde als Stalin, sich auch in einer so aussichtslosen Lage bis zum letzten Zug verbissen zu verteidigen.

29.	– – –	Tc8–c7
30.	Sc3–d5	Lb7 : d5
31.	e4 : d5	Se6–f8
32.	Le3–g5	Sf8–h7
33.	Tf6 : d6	e5–e4
34.	Lg5–e3	Tc7–e7
35.	Le3–d4	f7–f6
36.	Ld4 : f6	Sh7 : f6
37.	Td6 : Sf6	– – –

Ein unerfreuliches, qualvolles Endspiel.

Man wird den Eindruck nicht los, daß Stalin sich an der Ohnmacht seines Gegners weidet.
Erst nach vier weiteren Zügen setzt er ihn endgültig matt.

Viel Feind – viel Ehr

Kein Spiel ist wegen seiner Fairneß so berühmt wie das Schachspiel. Aber Menschen sind unberechenbar. Selbst im Schach gibt es unangenehme Vertreter.
Wir hatten einmal ein besonderes Prachtexemplar dieser Art in unserm Klub. Dieser Mann brachte es schließlich so weit, daß sich 90 Prozent aller Mitglieder gegen sein weiteres Verbleiben aussprachen. Wer aber meint, daß er von nun an den Spielabenden ferngeblieben wäre, irrt. Am ersten Abend ging er von Brett zu Brett seiner Feinde, um, wie gewohnt, Bemerkungen von sich zu geben:
„Tja, die Schachregeln allein tun's freilich nicht", oder „Ganz ohne Denken geht's auch wieder nicht", oder „Wenn man jetzt Schachspielen könnte", und bei Spielern, die erwiesenermaßen besser spielten als er: „Ein billiger Trick!",

Schachspiele auf öffentlichen Plätzen sind sehr dekorativ, eine Show, wenn man so will. Für das Spiel jedoch besteht wenig Reiz, da die für kombinatorisches Denken so wichtige Übersicht fehlt.

oder „Bluffen ist auch 'ne Art Schachspiel", oder „Das würde sogar Aljechin imponieren". Wäre das Sprichwort „Viel Feind – viel Ehr" richtig, so wäre er sicher Ehrenmitglied des Schachklubs geworden.

Jedes weitere Wort über diesen Menschen ist eigentlich vergeudet. Ich muß jedoch bekennen, daß ich eines Abends – es war schon nach 23 Uhr – dumm genug war, seine Aufforderung anzunehmen, eine Partie mit ihm zu spielen. Er zog sofort eine Schachuhr auf. Meinen Einwand „Aber ohne Uhren bitte!" erledigte er mit einer Handbewegung: „Ich mache nur Nägel mit Köpfen." Er zog e2–e4, drückte energisch die Uhr und murmelte vor sich hin: „... dann einfach sagen: den hab' ich aber 'reingelegt – das gibt's bei mir nicht!"

Er sah mich scheel über den Rand seiner Brillengläser an, und er fuhr fort: „Jeder hat sein Prestige zu verlieren, da können Sie sagen, was Sie wollen. Schließlich ist Schachspielen keine Sache für den Kindergarten, wie hier manche glauben." – Er lächelte in sich hinein und schloß mit der Bemerkung: „Blitzspielen will gelernt sein."

Ich antwortete mit e7–e5, der normalsten Erwiderung, die man sich denken kann. Er aber fand natürlich dennoch etwas auszusetzen und meckerte prompt: „Das ist doch kein Zug!" Ich war jedoch entschlossen, mich keinesfalls aus der Ruhe bringen zu lassen. Ein paar Züge lang ging alles auch gut, aber da er's mir „unbedingt zeigen" wollte, machte er sehr bald einen groben Schnitzer. Ich hatte den Gegenzug kaum ausgeführt, als er auch schon die Züge zurücknahm und sowohl meine als auch seine Figuren auf eine frühere Stellung zurücksetzte. Ich versuchte einen Einwand, den er mit der drastischen Bemerkung zurückwies: „So leicht werden Sie mit mir nicht fertig – mit mir nicht!"

Er hatte etwas geradezu Fanatisches an sich; sobald sein Spiel auch nur ausgeglichen stand, war er von einem nahezu hemmungslosen Siegeswillen beherrscht, der ihn oft zu überstürzten Handlungen verleitete. So sah er sich noch ein zweites Mal gezwungen, das Spiel zurückzusetzen, und schließlich verlor ich die Partie durch Zeitüberschreitung, weil ich mich einfach nicht mehr konzentrieren konnte. „So, das hätten wir", sagte er gutgelaunt, „auf ein Neues!" Ich wußte jetzt nicht mehr, ob ich darüber lachen oder weinen sollte.

Vom Sieg berauscht und von freudigem Eifer erfüllt, redete er mir die nächste Partie auf, und da ich wieder schwach spielte, kommentierte er: „Tja, jetzt bin ich erst in Form!" Als ich die Partie schließlich verlor und den Kellner rief, schlug er mir vor: „Also ein Bier extra, wenn Sie die nächste Partie 25 Züge durchhalten." Obwohl ich geradezu mitfühlte, wie er nach Siegen ausgehungert war, bäumte sich meine Schachehre gegen dieses Ansinnen auf. Anstatt des Bieres bestellte ich mir eine Tasse Kaffee und war entschlossen, ihn jetzt keine Partie mehr gewinnen zu lassen. – Er verlor die erste und konnte sich der Bemerkung nicht enthalten: „Na ja, Glück gehabt!" Er verlor die zweite und kam nun selbst zu der Ansicht, es sei heute schon etwas spät und man sei abgespannt. Er verlor die dritte und sagte: „So, jetzt steht's 3:3, jetzt kommt die Entscheidung." Er verlor die vierte und bewies mir, daß er sie eigentlich hätte gewinnen müssen. Er verlor die fünfte und erklärte, daß ihm das seit Jahren nie passiert wäre. Er verlor die sechste und brach das Rennen ab. „Das ist ja kein Spiel mehr! Diese Uhren sind eine Erfindung des Teufels."

Aus Fehlern lernen

Tolstoi – Ivkoff

Die hier aufgezeichnete Partie, die der russische Dichter Tolstoi gegen den Fürsten Ivkoff spielte, ist eigentlich weniger bedeutend, aber sie zeigt sehr deutlich, wie schnell Fehler ins Verderben führen. Lernen wir also aus diesen Fehlern, damit es uns nicht ähnlich ergeht!

1.	e2–e4	e7–e5
2.	d2–d4	e5:d4
	Mittelgambit	
3.	c2–c3	d4:c3
4.	Lf1–c4	c3:b2
5.	Lc1:b2	– – –

Eine typische Eröffnung im Opferstil. Schwarz gewinnt zwei Bauern, aber Weiß bringt dafür seine Läufer in Angriffsstellung. Schwarz hat nur Nutzen von den gewonnenen Bauern, wenn es ihm gelingt, bis ins Endspiel hinein alle Angriffe von Weiß durchzustehen. Doch

bis dahin ist ein langer Weg.

5.	– – –	d7–d6
6.	Dd1–b3	Dd8–e7
7.	Sb1–c3	Sb8–d7
8.	Sg1–f3	Sd7–c5
9.	Db3–c2	Lc8–e6
10.	Sc3–d5	Le6:d5
11.	Lc4:d5	Sg8–f6
13.	00	c7–c6
14.	Ld5–c4	Ta8–d8
15.	Tf1–e1	Sc5–e6
16.	e4–e5	d6:e5
17.	Sf3:e5	g7–g6

Dieser Zug führt ins Verderben, aber was sollte Schwarz anderes tun. Eine Zeitlang schien es, als könne er sich doch noch ganz gut verteidigen. Hier jedoch zeigt sich besonders deutlich, welche katastrophalen Folgen ein Rückstand in der Entwicklung mit sich bringt.

18. Se5:f7   – – –

Wie Schwarz nun auch den Springer schlägt, es ist immer von Nachteil für ihn.

18. – – –   De7:f7
19. Te1:e6†   Ke8–d7
20. Ta1–d1†   Kd7–c7

21. Lb2–e5†   Lf8–d6
22. Te6:d6   Df7–e7
23. Td6–d7†   Kc7–b6

(Doppelschach!)

24. Le5–c7†   Kb6–c5
25. Lc4–e2†   Kc5–b4
26. Dc2–b3†   Kb4–c5
27. Db3–c4††

Der Stil von Großmeistern ist in dieser Partie natürlich nicht zu finden, aber immerhin ist sie nicht nur für den Lernenden interessant.

Der russische Dichter Leo Tolstoi (links) beim Schachspiel

Der grandiose Einfall

Janowski – Sämisch

Janowski war einer der wagemutigsten Angriffsspieler der Schachgeschichte. 1925 gelang ihm in Marienbad diese Partie, die zu seinen eindrucksvollstenKämpfen zählt und auf dem Turnier mit dem 2. Schönheitspreis ausgezeichnet wurde.

1.	d2–d4	Sg8–f6
2.	Sg1–f3	e7–e6
3.	Lc1–g5	c7–c5

Torre-Aufbau (Läuferzug)

4.	e2–e3	Sb8–c6
5.	Sb1–d2	b7–b6
6.	c2–c3	Lc8–b7

Damenindische Verteidigung (eingeleitet durch Lc8–b7)

7.	Lf1–d3	c5:d4
8.	e3:d4	Lf8–e7
9.	Sd2–c4	00
10.	Dd1–e2	Dd8–c7
11.	h2–h4	h7–h6
12.	De2–d2	Sf6–g4
13.	Lg5–f4	d7–d6
14.	Sc4–e3	Sg4:e3
15.	Dd2:e3	h6–h5
16.	Th1–h3	e6–e5
17.	d4:e5	Sc6:e5
18.	Sf3:e5	d6:e5
19.	Lf4:e5	Le7–d6

Wer gewinnt? Schwarz droht mit dem Zuge Tf8–e8, den Le5 zu fesseln und zu erobern.

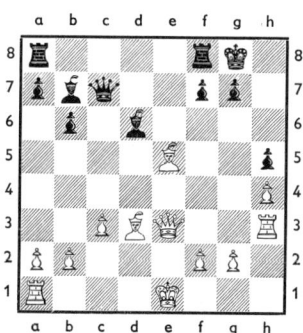

Aber Weiß hat einen wirklich grandiosen Einfall, das heißt, er muß diesen Schritt schon beim 16. Zuge im Auge gehabt haben:

20. De3–h6!   – – –

Schwarz gab auf. Aus Überraschung? Hätte er sich mit f7–f6 nicht doch noch verteidigen können? (Schlägt Schwarz die Dame g7:Dh6, so folgt Th3–g3††!) Nein, auch der Zug f7–f6 nützt nichts, denn dann antwortet Weiß mit Dh6:h5 und droht,

Bent Larsen. Trotz seiner kaum erklärlichen 6:0-Niederlage gegen Bobby Fischer einer der stärksten Spieler der Welt (s. Partie S. 111).

was Schwarz auch immer tun mag, mit den weiteren Zügen: Ld3–h7† (Schwarz: Kg8–h8), Lh7–g6† (Schwarz: Kh8–g8), Dh5–h7††. Der beste Zug für Schwarz auf Dh6:h5 wäre allenfalls: g7–g6. Dann hätte sich das Spiel folgendermaßen weiterentwickelt:

Weiß: Dh5:g6†, Schwarz: Dc7–g7; Ld3–c4†, Kg8–h8; Dg6:g7, Kg8:g7; Th3–g3†, Kg7–h7; Le5:d6.

Aber nun verliert Schwarz dennoch schnell, weil er einen Läufer und drei Bauern im Rückstand ist und keine Angriffschance hat. Selbst für so gute Spieler wie Sämisch ist hier nichts zu retten.

Umsichtige Strategie

Blackburne – Tarrasch

Die hier aufgezeichnete Partie des großen Schachlehrmeisters Tarrasch nimmt einen Ehrenplatz unter den Partien ein, die Strategie und Taktik, Positions- und Angriffsspiel in besonders schöner Weise verbinden. Sie zeigt – wie viele der in dieser Sammlung wiedergegebenen Kämpfe – keinen eigentlichen Fehler und kann auch deshalb mit gutem Recht zur „Hohen Schule" des Schachs gerechnet werden. Wie oft glauben Schachspieler, daß Partien nur durch Fehler verlorengingen! Das ist ein Trugschluß. Hervorragende Partien werden häufig nur durch den besseren Plan, größere Vorausschau, also durch bessere Strategie und Taktik, gewonnen. Sehen wir uns einmal den klaren, leicht verständlichen Aufbau dieses Meisterspiels Blackburne-Tarrasch an:

1.	e2–e4	e7–e6
2.	d2–d4	d7–d5

Französische Verteidigung

3.	Sb1–c3	Sg8–f6
4.	e4–e5	Sf6–d7
5.	f2–f4	c7–c5
6.	d4:c5	Sd7:c5

Wir sehen eine Variante der Französischen Partie, die für beide Parteien zu einem schwierigen Spiel führt. Zunächst entwickelt sich alles noch übersichtlich. Schwarz versucht eine feste Stellung, Weiß einen Angriff aufzubauen.

7.	Sg1–f3	Sb8–c6
8.	Lf1–b5	Lf8–e7

9.	00	00
10.	Lb5:c6	b7:c6

Weiß sieht sich zu diesem Tausch gezwungen, weil er für seinen Läufer kein gutes Feld findet. Er stärkt damit aber die schwarzen Mittelbauern und verliert seinen Angriffsläufer.

11.	Sf3–d4	Dd8–c7
12.	Dd1–h5	Lc8–d7
13.	Tf1–f3	g7–g6
14.	Tf3–g3	Kg8–h8

Schwarz nimmt diesen Angriff mit bewundernswerter Ruhe hin. Wahrscheinlich nimmt er an, daß es Weiß nicht möglich sein wird, die entscheidenden Kräfte zum Angriff zu konzentrieren. Wir werden in den nächsten Zügen sehen, ob sich diese Überlegung als Fehlschluß erweist oder ob Weiß tatsächlich nicht mit seinem Angriff weiter kommt.

15. Dh5–h6   Tf8–g8
16. Lc1–e3   Le7–f8
17. Dh6–h3   Sc5–b7
18. Sd4–f3   Tg8–g7
19. Ta1–f1   c6–c5

Im Glauben, den weißen Angriff auf den König abschlagen zu können, bereitet Tarrasch einen Gegenstoß in der Mitte vor, um unter den feindlichen Streitkräften Unordnung hervorzurufen und einen Gegenangriff einzuleiten.

20. Le3–c1   Ld7–c6
21. Sc3–d1   Lf8–e7
22. Sd1–e3   d5–d4
23. Se3–g4   Lc6–e4
24. Sg4–f6   Le4–f5

Sowohl Schwarz als auch Weiß verfolgen ihr Ziel mit konsequenter Logik.

25. Dh3–h6   Dc7–d8
26. Dh6–g5   Sb7–d6!

Weiß dürfte kaum die Folgen seines Damenzuges vorausgesehen haben: Schwarz holt einen Springer zu Hilfe, der auf dem „Kriegsschauplatz" Verwirrung stiftet. Dieser Zug von Schwarz ist nur sehr schwer zu durchschauen und sieht auf den ersten Blick wie ein Opfer aus Verzweiflung aus. Eins ist aber klar: Schlägt Weiß den Springer, so geht auf jeden Fall auch der weiße Springer auf f6 verloren, weil er dann nicht mehr von dem Bauern e5 geschützt ist! Und so kommt es auch:

27. e5:d6   Le7:f6
28. Dg5–h6   Dd8:d6
29. Sf3–c5   Lf6–e7

Hier verzichtet Schwarz sogar darauf, den Bauern f4 zu gewinnen (Lf6:e5, f4:e5, Dd6:e5), um seinen Läufer zu erhalten. Eine taktische Erwägung, die für Großmeister Tarrasch typisch ist. – Das Spiel wird komplizierter!

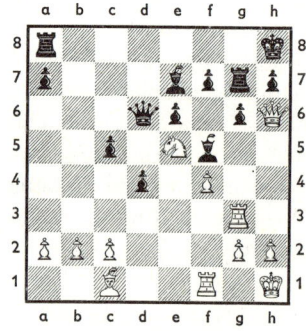

30. Tg3–a3	f7–f6
31. Se5–c4	Dd6–d5
32. Sc4–d2	Lf5:c2
33. g2–g4	– – –

Der schwarze Plan scheint gelungen: Auflösung des weißen Angriffs, Einleitung eines Gegenangriffes in der Mitte und langsame Abschnürung der feindlichen Kräfte. Wozu soll sich Weiß in einer solchen Lage entschließen? Passives Spiel führt langsam in den Abgrund, denn die Bauern in der Mitte, deren Vormarsch nicht mehr aufzuhalten ist, entscheiden das Spiel allmählich für Schwarz.

Also sucht Weiß neue Verwicklungen herbeizuführen und versucht, mit g2–g4 einen Angriff fortzusetzen, der eigentlich schon zerschlagen ist. Mit welchen Folgen ist das für Weiß verbunden?

33. – – –	c5–c4
34. Ta3–g3	Le7–c5
35. Sd2–f3	Lc2–e4
36. Kg1–g2	Ta8–b8
37. Kg2–h3	Lc5–f8
38. Sf3–e1	Tg7–f7!

Dies war die eigentliche Pointe des schwarzen Spiels, die den weißen Angriff endgültig zusammenbrechen läßt. Die Dame muß fliehen, aber es kommt noch weit schlimmer.

39. Dh6–h4	g6–g5!
40. f4:g5	f6:g5
41. Tf1:f7	g5:h4

Die weiße Dame war auf keine Art mehr zu retten. Sie ist in einer raffinierten Falle zugrunde gegangen.

42. Tg3–g1	Le4–g6
43. Tf7–c7	Lf8–d6
44. Tc7–d7	Dd5–c6

Das weiße Spiel ist so hilflos geworden, daß Schwarz den Turm wie einen eingekesselten Hasen jagen kann.

45. Td7:a7	Ld6–c5
46. Ta7–a5	Dc6–b6
47. Ta5–a4	Db6–b5

Diese Jagd hat selbst unter Großmeisterturnieren, die ja oft mit außerordentlicher Härte und größter Anspannung gespielt werden, kaum seinesgleichen. Ein regelrechtes Katz- und Mausspiel wird hier von Schwarz, der völlig unangreifbar ist, inszeniert. Vielleicht werden aus Furcht vor solch beschämendem Kesseltreiben heute Großmeisterpartien oft schon aufgegeben, sobald der Sieg des Gegners vorauszusehen ist.

48. Lc1–f4   Tb8–f8
49. Lf4–e5† Kh8–g8

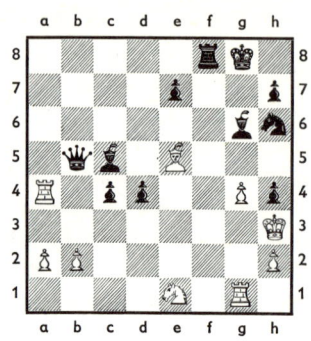

Weiß gibt auf. Ihm ist die Lust am Weiterspielen recht gründlich verleidet, denn er wird langsam aber sicher erwürgt. Jeder, der die Partie einmal selbst weiterzuführen versucht, sieht, daß es für Weiß nur noch eine aussichtslose Quälerei ist.

Bernard Shaw und das Schach

Eines Abends speiste Shaw in einem größeren Restaurant, in dem eine Kapelle zur Unterhaltung aufspielte. Bald kam der Kapellmeister an den Tisch dieses weltberühmten Spötters, um ihn zu begrüßen und zu fragen, was er spielen solle. Die prompte Antwort war: „Wissen Sie was, spielen Sie eine Partie Schach!"

Einfallsreiche Humoreske

Shiff – Kashdan

Gewöhnlich nimmt man an, Schach sei ein todernstes Spiel: Die Gegner sitzen sich mit verkniffenen Gesichtern gegenüber, und ihr ganzes Brüten ist nur darauf gerichtet, den anderen zu überlisten oder durch methodische Strategie langsam zu überwinden. Niemand wird das bestreiten. Aber das ist schließlich nur *eine* Seite des königlichen Spiels. Wahre Freunde des Schachspiels dagegen wissen nur zu gut aus eigener Erfahrung, daß das Spiel auch seine komischen Züge

100

hat. Wer nicht nur – vom Ehrgeiz besessen – an seinen eigenen Sieg denkt oder von einer drohenden Niederlage völlig zerknirscht ist, hat oft genug Grund zu schmunzeln, ja, wird sogar hin und wieder herzhaft lachen müssen. Allerdings gibt es viele Schachspieler, die dem Verlust einer Turnierpartie mit ähnlichem Herzklopfen entgegensehen wie einer bevorstehenden Kündigung. Sie reiben sich geradezu auf und hoffen auf einen glücklichen Zufall, der dann und wann ja auch einzutreten pflegt. Meistens aber zieht sich die Schlinge enger und enger zu, die Gesichter werden immer röter und unbeweglicher, und die Quälerei erreicht ihren Höhepunkt: Der Schwächere reicht dem Gegner die Hand und sagt: ,,Ich gebe auf!" – Kein Schachspieler, der etwas auf sich hält, läßt sich gerne matt setzen. Und der Verlierer wünscht natürlich, dem Stärkeren wenigstens zu zeigen, daß er – wenn er schon nicht den Sieg gefunden hat – so doch die eigene Katastrophe gedanklich voraussieht. Das ist immerhin auch eine Genugtuung.

Freilich gibt es Schachspieler, die das Spiel im Grunde ihres Herzens mit ganz anderen Augen ansehen. Zu ihnen scheinen beide Partner dieser Partie zu gehören. Sie spielen ein ideenreiches Schach, das nicht stur den Weg des gefahrlosesten Gewinns im Auge hat, sondern immer wieder nach neuen Pointen sucht.

1.	d2–d4	Sg8–f6
2.	c2–c4	e7–e6
3.	Sb1–c3	Lf8–b4
4.	Dd1–c2	d7–d5

Indische Verteidigung des Damen-Bauern-Spiels

5.	a2–a3	Lb4–e7
6.	c4:d5	e6:d5
7.	Lc1–f4	c7–c6
8.	h2–h3	00
9.	e2–e3	Tf8–e8
10.	Lf1–d3	Sb8–d7

11.	Sg1–f3	Sd7–f8
12.	Sf3–e5	Le7–d6
13.	00	Sf8–e6

Beide Spieler gehen nun eigene, von der Theorie nicht erforschte Wege, was oft zu sehr interessanten Stellungen führt.

14.	Lf4–h2	g7–g6

Schwarz will einen Angriff auf der Diagonalen b1–h7 unmöglich machen und zieht deshalb den Bauern auf.

15. Se5–f3   – – –

Ein Rückzug, dessen Sinn wohl darin zu suchen ist, daß Weiß nun mit dem Bauern e3 vorgehen möchte und gleichzeitig den Bauern d4 schützen will.

15.	– – –	Se6–g7
16.	Lh2:d6	Dd8:d6
17.	Tf1–c1	Lc8–f5
18.	Sf3–d2	Te8–e7
19.	b2–b4	Ta8–e8

Schwarz hat den Versuch seines Gegners, in der Mitte vorzustoßen, vereitelt. Weiß hält nach einem neuen Gegenangriff Ausschau und wird nun auf der Damenseite aktiv.

20. Ta1–b1   Lf5:h3!

Schwarz opfert seinen Läufer, und Weiß schlägt ihn bedenkenlos. Dieses Opfer führt aber nur zum Ziele, wenn Weiß auch das nun folgende zweite Opfer annimmt.

21. g2:h3   Te7:e3!!

Ein kritischer Punkt, wie er in vielen Partien vorkommt. Soll Weiß auch dieses zweite Opfer annehmen? Es läßt sich. voraussehen, daß Schwarz dann durch Damen- und Turmschachs alle Bauern der Königsseite erobert und den König in eine Treibjagd verwickelt, deren Folgen nicht zu überblicken sind. Weiß geht deshalb auf diese Herausforderung nicht ein, er zieht vielmehr seinen Läufer zur Verteidigung zurück, in der Hoffnung, so besser zu fahren.

22. Ld3–f1   Sg7–f5!

Anstatt den Turm wieder in Sicherheit zu bringen, zieht Schwarz den Springer! Nun wird es Weiß zu bunt. Er schlägt den Turm und läßt es auf ein Schach ankommen.

| 23. | f2:e3 | Dd6–g3† |
| 24. | Lf1–g2 | – – – |

Greift Schwarz jetzt mit Sf5:e3 die Dame an, so ist er in eine Falle gegangen, denn Weiß antwortet mit Sd2–f1! und behält letzten Endes einen Turm und einen Läufer mehr. Aber Schwarz pariert richtig:

24.	– – –	Dg3:e3†
25.	Kg1–h1	Sf5–g3†
26.	Kh1–h2	– – –

Wie soll es nun für Schwarz weitergehen? Sieht es nicht so aus, als habe sich sein Angriff bereits totgelaufen?

In solchen Stellungen helfen nur Ideen. Khasdan hat eine:

26. – – –   De3–f4
27. Sd2–f3   – – –

Weiß nimmt dem drohenden Abzugsschach die Gefährlichkeit, indem er das Feld h2 schützt.

Wieder einmal sieht es so aus, als müsse Schwarz durch ein ewiges Schach das Unentschieden sichern (Se2†, Kh2–h1, Se2–g3† usw.). Doch Schwarz hat einen besseren Einfall:

27. – – –   Te8–e2!!
28. Sc3:e2   Sg3:e2†
29. Kh2–h1   Sf6–h5!

Muß Weiß die Dame opfern (Dc2:e2, Sh5–g3†, Kh1–g1, Sg3:e2†), dann verliert er auf jeden Fall das Spiel, weil er ja zudem noch den Turm c1 einbüßt. Aber Weiß gibt acht. Er hat einen anderen Zug im Auge und will den Gegner auf die Probe stellen:

30. Dc2–d2   – – –

Schwarz ist verloren, findet er jetzt nicht die richtige Antwort. Paßt er aber auf, so gibt es ein schönes Matt – ein Matt in vier Zügen. Versuchen Sie einmal, es herauszubekommen.

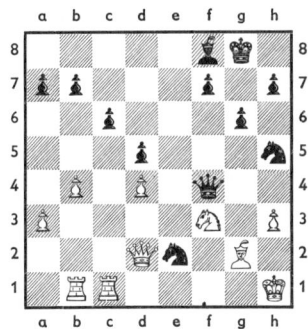

30. – – –   Sh5–g3†
31. Kh1–h2   Sg3–f1†
32. Kh2–h1   Df4–h2†
33. Sf3:h2   Sf1–g3††

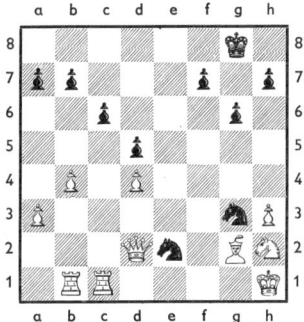

Die ganze weiße Armee hat ihren König nicht mehr retten können. Gewiß hat Shiff diesen Untergang vorausgesehen, aber er wollte sich dieses schöne Matt eben doch zeigen lassen.

Nicht der Gewinn, sondern die Freude am Spiel war ihm also wichtig.

103

Das ist Begeisterung

Während einer Simultanveranstaltung fragte Dr. Tartakower einen seiner vielen Gegner: „Eine interessante Partie – aber warum haben Sie nur mit den Bauern gezogen?"
Mit einiger Verlegenheit erwiderte der Schachfreund schließlich: „Ich wollte doch so gern gegen Sie spielen, und da ich nicht Schach spielen kann, ließ ich mir wenigstens von meinem Freund die Bauernzüge zeigen. – Ich muß halt noch etwas lernen."

So ein Schwindler!

Als Großmeister Sämisch eine seiner berühmten Blindsimultanvorstellungen gab, war eine ältere Dame als interessierte Zuschauerin erschienen. Sie betrachtete den Blindspieler, der ihr den Rücken zudrehte, und stutzte. Schließlich sah sie ihn sich von der Seite an – wollte ihren Augen nicht trauen und lief eilig zu ihrem Nachbarn: „Hören Sie mal, das ist ein Schwindler, ich beobachte ihn schon eine ganze Weile und habe genau gesehen, er ist gar nicht blind!"

Auf des Messers Schneide

Capablanca – Lasker

Zwei Weltmeister grundverschiedener Wesensart trafen 1924 in New York aufeinander: Capablanca und Lasker. Capablanca, auf der Höhe seines Könnens, und Lasker, einfallsreich und wagemutig wie eh und je, lieferten sich eine Partie, die jeden fortgeschrittenen Schachspieler fasziniert, weil sie mit zahllosen taktischen Finessen gespickt ist und einen wahren Schatz schachlicher Einfälle und Überlegungen schenkt. Wollten wir die Partie in allen Einzelheiten besprechen, so fiele es leicht, ein ganzes Büchlein vollzuschreiben. Doch wir wollen die Freude am Nachspielen so schwieriger Partien nicht im Labyrinth der Varianten ersticken, sondern auch hier nur auf Einzelheiten aufmerksam machen, die den noch weniger erfahrenen Schachspieler sonst leicht zu falschen Schlüssen verführen könnten. Im übrigen kann man diese, wie viele andere Partien auch, ruhig mehrmals nachspielen und wird immer neue interessante Feinheiten entdecken. Diese Entdeckerfreude, die man allerdings nur bei ruhigem Nachspielen voll genießt, soll dem Leser selbst vorbehalten bleiben.

1.	d2–d4	Sg8–f6
2.	c2–c4	c7–c6
3.	Sb1–c3	d7–d5

Slawische Verteidigung des Damengambits.

4.	c4:d5	c6:d5
5.	Sg1–f3	Sb8–c6
6.	Lc1–f4	e7–e6
7.	e2–e3	Lf8–e7
8.	Lf1–d3	00
9.	00	Sf6–h5
10.	Lf4–e5	f7–f5
11.	Ta1–c1	Sh5–f6
12.	Le5:f6	g7:f6

Zunächst sah alles ganz harmlos aus. Mit dem letzten Zug aber bekommt das Spiel sofort sein Gesicht. Es gehört allerdings sehr viel schachliche Erfahrung und ein gutes Gefühl für die Stellung dazu, zu entscheiden, ob solch ein Zug richtig oder falsch ist. Wer wird die offene g-Linie nutzen können, Weiß oder Schwarz? Das ist die entscheidende Frage.

13.	Sf3–h4	Kg8–h8
14.	f2–f4	Tf8–g8
15.	Tf1–f3	Lc8–d7
16.	Tf3–h3	Ld7–e8

Der Läufer soll den Zug der Dame d1–h5 verhindern, der für Schwarz schlimme Folgen hätte.

17.	a2–a3	Tg8–g7
18.	Th3–g3	– – –

Weiß bietet den Turm zum Tausch an, aber nicht, um das Spiel abzuflachen, sondern um die beste Verteidi-

gungsfigur von Schwarz aus-
zuschalten und seinen eigenen Angriff später zu ver-
stärken. Schwarz sieht sich
gezwungen, dieses Angebot
anzunehmen.

18. – – –	Tg7:g3
19. h2:g3	Ta8–c8
20. Kg1–f2	Sc6–a5
21. Dd1–f3	Sa5–c4
22. Df3–e2	– – –

Capablanca mag erst jetzt
erkannt haben, daß es rich-
tiger ist, den b-Bauern mit
der Dame zu schützen als
durch Tc1–c2. Den Turm
kann er nämlich viel besser
auf der h-Linie einsetzen.

22. – – –	Sc4–d6
23. Tc1–h1	Sd6–e4†
24. Ld3:e4	f5:e4
25. De2–g4	f6–f5

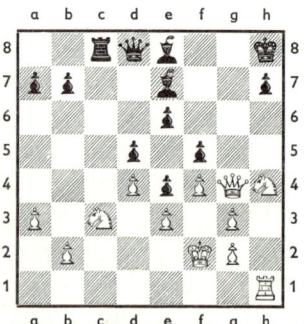

Dieses Bauernbollwerk also
wollte Schwarz errichten.
Tatsächlich ist nun kein gu-

ter Zug mehr für Weiß zu
sehen, mit Ausnahme eines
einzigen allerdings, der aber
sehr weit vorausberechnet
werden muß:

26. Sh4:f5	e6:f5
27. Dg4:f5	h7–h5
28. g3–g4	Tc8–c6
29. g4–g5	Kh8–g8
30. Sc3:d5	Le8–f7
31. Sd5:e7†	Dd8:e7
32. g2–g4	h5:g4
33. Df5–h7†	Kg8–f8
34. Th1–h6	Lf7–g8
35. Dh7–f5†	Kf8–g7
36. Th6:c6	b7:c6
37. Kf2–g3	De7–e6
38. Kg3:g4!	– – –

Das Vorrücken des Königs
entscheidet die Partie.

38. – – –	De6:f5†
39. Kg4:f5	Lg8–d5
40. b2–b4	a7–a6
41. Kf5–g4	Ld5–c4
42. f4–f5	– – –

Es ist sehr lehrreich zu sehen, wie Capablanca seine
Bauern gegen den Läufer
zur Geltung bringt und Zug
um Zug die bessere Stellung
erringt.

42. – – –	Lc4–b3
43. Kg4–f4	Lb3–c2
44. Kf4–e5	Kg7–f7
45. a3–a4!	Kf7–g7
46. d4–d5	Lc2:a4

Emanuel Lasker † (Deutschland), einer der hervor-
ragendsten Spieler, die je lebten. Lasker war von 1894
bis 1921 Weltmeister, also 27 Jahre lang, was allein
sein enormes Können dokumentiert

47. d5–d6!   c6–c5

War erzwungen, da sonst der
d-Bauer zur Dame durch-
läuft.

48. b4:c5   La4–c6
49. Ke5–e6   a6–a5
50. f5–f6†

Und Schwarz gibt auf. Verfolgt man einmal die Partie
weiter, sieht man, daß für
Schwarz nichts mehr zu retten ist: Kg7–f8 (Schwarz),
d6–d7, Lc6:d7†, Ke6:d7,
a5–a4, c5–c6, a4–a3, c6–c7,
a3–a2, c7–c8 (Dame†), Kf8–
f7, Dc8–e8††. Das Spiel ist
endgültig verloren.

Diese Partie zeigt deutlich,
wieviel von einem Zug ab-
hängen kann – und wie
schnell sich das „Kriegs-
glück" oft wendet.

Man soll den Tag nicht vor dem Abend loben

Lothar Schmid – Rossolimo

Die Weisheit dieses Sprichwortes findet sich im Schach hundertfach bestätigt. Wie oft gingen schon Partien verloren, die sicher gewonnen schienen! Und wie oft kam es bei Spielen, die vollkommen ausgeglichen wirkten, plötzlich zur Katastrophe, weil einer der Spieler schließlich doch einen entscheidenden Zug oder eine verblüffende Kombination fand. Gerade durch zu großen Optimismus wurde mancher Sieg und manches Unentschieden verspielt. Auch in dieser schönen, bis zum bitteren Ende übersichtlichen Partie (Heidelberg 1949) finden wir das bestätigt.

1.	e2–e4	e7–e5	
2.	Sg1–f3	Sb8–c6	
3.	Lf1–b5	a7–a6	

Spanische Partie

4.	Lb5–a4	Sg8–f6	
5.	00	Lf8–e7	
6.	Tf1–e1	b7–b5	
7.	La4–b3	00	
8.	c2–c3	d7–d6	
9.	h2–h3	– – –	

Weiß verhindert durch diesen Zug, daß der Läufer c8 das Feld g4 besetzt.

9.	– – –	a6–a5
10.	d2–d4	e5:d4
11.	Sf3:d4	Sc6:d4
12.	c3:d4	Lc8–b7
13.	Lb3–c2	c7–c5
14.	a2–a4	b5–b4
15.	Sb1–d2	c5:d4
16.	Sd2–b3	d6–d5!

17.	e4–e5	Sf6–e4
18.	Sb3:d4	f7–f6
19.	Sd4–e6	Dd8–b6!
20.	Lc2:e4	Db6:e6
21.	e5:f6	d5:e4
22.	f6:e7	De6:e7
23.	Dd1–b3†	Kg8–h8

Es sieht fast nach Remis aus, aber . . .

24.	Lc1–e3	Ta8–a6
25.	Ta1–c1	Ta6–g6

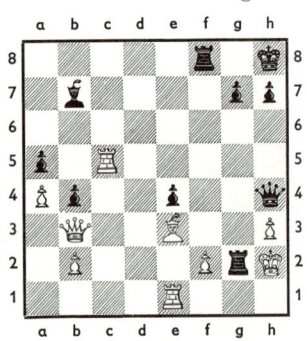

26. Tc1–c5	De7–h4
27. Kg1–h2	Tg6:g2†
28. Kh2:g2	Tf8:f2†!

spieler kann wirklich mit gutem Recht als großartig bezeichnet werden.

Und Weiß gab auf, weil er folgende Züge voraussah:

Le3:f2, e4–e3†, Tc5–d5, Dh4–f2†, Kg2–h1, Df2:e1†, Kh1–h2, De1–f2†, Kh2–h1, e3–e2. Am Sieg von Schwarz läßt sich also nichts ändern. Dieser Kampf des französischen Meisters gegen einen der besten deutschen Schach-

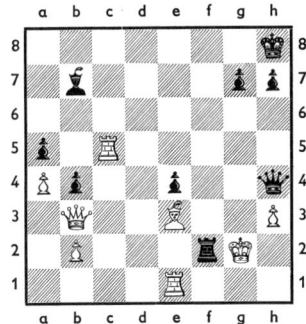

Der Unbesiegbare

Der kubanische Weltmeister Capablanca, zweifellos einer der sichersten Schachspieler aller Zeiten, war sich seines Könnens überaus bewußt. Als er Aljechins Herausforderung zum Weltmeisterschaftskampf erhielt, zeigte er sie natürlich auch seinen Schachfreunden. Einer wagte es, den Meister vor diesem Kampf, den er selbst schon mehrfach hinausgezögert hatte, zu warnen. „Besser ein Weltmeistertitel ohne Kampf als ein Ex-Weltmeister mit viel Ehren!" rief ihm ein Freund hitzig zu. Capablanca, der von sich behauptete, er würde jedem Schachspieler der Erde mindestens ein Remis abtrotzen, geriet darüber in helle Empörung. „Nicht in dem nächsten Jahrtausend wird dieser Mensch eine Partie gegen mich gewinnen! Beim heiligen Erzengel, dann lasse ich mich begraben."

Nachdem Capablanca den Weltmeistertitel verloren hatte, traf er eines Tages im Klub den Schachfreund wieder, der ihn gewarnt hatte, und ignorierte ihn geflissentlich. Der gute Freund ließ es sich aber nicht verdrießen und rief so laut,

Die größten Schachspieler ihrer Zeit. Stehend von links nach rechts: Alexander Aljechin † (Rußland – später Frankreich), José Capablanca † (Kuba), F. Marshall † (USA). Sitzend von links nach rechts: Emanuel Lasker † (Deutschland) und Siegbert Tarrasch † (Deutschland). Das Foto wurde während des Petersburger Turniers im Jahre 1914 aufgenommen. Den ersten Preis dieses Turniers gewann Lasker

daß es der Ex-Weltmeister und alle Beteiligten hören mußten: „Jetzt ist schon ein Jahrtausend vergangen und wer weiß, bald wird der Totengräber auch noch kommen!" Ein entsetztes Schweigen entstand. Man fürchtete einen gewaltigen Skandal. Doch als Capablanca wutentbrannt in das Gesicht seines ehemaligen Freundes starrte, ging eine Veränderung in ihm vor. Die tragikomische Grimasse des anderen reizte ihn zu einem jähen, ungewollten Lachanfall, und bevor alle noch recht begriffen hatten, was eigentlich geschehen war, brachen die beiden in ein markerschütterndes, herzbefreiendes Gelächter aus. – So ist der Schachwelt damals ein immerhin peinliches Duell erspart geblieben.

Sieg der Unbefangenheit

Fisher – Larsen

Mit 15 Jahren wurde Bobby Fisher Schachmeister der Vereinigten Staaten. Noch im gleichen Jahre – 1958 – errang er im Interzonenturnier in Portoroz/Jugoslawien den Titel eines Großmeisters und wurde so der jüngste internationale Meister der Welt. In der achten Runde dieses Turniers traf er auf den dänischen Großmeister Larsen, der als gefürchteter Angriffsspieler bekannt ist. Wie zu erwarten war, nahm die Partie einen außerordentlich spannenden Verlauf:

1.	e2–e4	c7–c5
2.	Sg1–f3	d7–d6
3.	d2–d4	c5:d4

Sizilianische Verteidigung

4.	Sf3:d4	Sg8–f6
5.	Sb1–c3	g7–g6
6.	Lc1–e3	Lf8–g7
7.	f2–f3	00
8.	Dd1–d2	– – –

Weiß will offensichtlich auf die große Rochade hinaus. Anschließend wird er dann versuchen, mit seinen Bauern den schwarzen Königsflügel zu stürmen. Schwarz leitet seinerseits ein Gegenspiel ein.

8. – – –   Sb8–c6

9. Lf1–c4   Sc6:d4
10. Le3:d4   Lc8–e6

Schwarz spekuliert darauf, daß Weiß seinen Läufer tauscht, um dann mit drei starken Mittelbauern einen Gegenangriff in die Wege leiten zu können. Weiß tut ihm natürlich diesen Gefallen nicht.

11. Lc4–b3   Dd8–a5
12. 000   b7–b5
13. Kc1–b1   b5–b4
14. Sc3–d5   Le6:d5
15. Lb3:d5   Ta8–c8
16. Ld5–b3   Tc8–c7
17. h2–h4   Da5–b5
18. h4–h5   Tf8–c8

Wessen Angriff wird Erfolg haben, das ist hier wieder die Frage.

Man muß solche Stellungen schon sehr gut abschätzen können, um zu wissen, wie man sich am besten verhält.

19. h5:g6   h7:g6
20. g2–g4   a7–a5
21. g4–g5   Sf6–h5
22. Th1:h5   – – –

Dieses Opfer erhält seinen Sinn durch die folgenden Züge von Weiß:

22. – – –   g6:h5
23. g5–g6   e7–e5
24. g6:f7†   Kg8–f8
25. Ld4–e3   d6–d5

Schwarz glaubt noch immer, seinen Angriff aufrechterhalten zu können. Er zieht deshalb lieber den Bauern, als ihn durch den Turm c8–d8 zu schützen.

26. e4:d5   Tc7:f7
27. d5–d6   Tf7–f6
28. Le3–g5   Db5–b7

Der schwarze Turm mußte stillhalten, um die sofortige Katastrophe Lg5–e7† zu verhindern.

29. Lg5:f6   Lg7:f6
30. d6–d7   Tc8–d8
31. Dd2–d6†

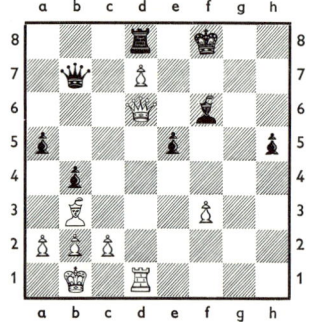

Hier gab Schwarz die Partie auf, denn nach Lf6–e7 folgt Dd6–h6††.

Auch ein Zug wie Kf8–g7 führt nach Td1–g1†, Kg7–h7, Dd6:f6, Db7:d7, Df6–g6†, Kh7–h8, Dg6–h6†, Dd7–h7, Dh6–f6† zur Niederlage.

Ehre, wem Ehre gebührt

Janowsky – Marshall

Kann man sich eine Niederlage vorstellen, die ehrenhafter ist als ein Gewinn? Bei dieser Partie ist man versucht, zu sagen: auch das gibt es. Ein wahrhaft grandioses, hin und her wogendes Spiel mit immer neuen Überraschungen, das schließlich mit einem Sieg der Verteidigung endet. Die Partie wurde 1904 in Cambridge-Springs/USA gespielt.

1.	d2–d4	d7–d5	25.	Lg5–h4	Tc8–c3
2.	c2–c4	e7–e6	26.	Df4–g4	Ta8–c8
3.	Sb1–c3	c7–c5	27.	Kg1–h2	Da3–f8

Abgelehntes Damengambit
(Tarrasch-Variante)

			28.	Te1–e4	Ld7–c6
			29.	Te4–f4	Kg8–h7
4.	e2–e3	Sb8–c6	30.	f2–f3	Lc6–d5
5.	Sg1–f3	Sg8–f6	31.	Dg4–g3	Ld5–c4
6.	a2–a3	Sf6–e4	32.	Tb1–a1	a7–a5
7.	Lf1–d3	Se4:c3	33.	Tf4–g4	Lc4–d3
8.	b2:c3	Lf8–d6	34.	Lh4–f6!	– – –
9.	00	00			

Ein Angriff, der mit Umsicht abgewehrt werden muß.

10.	Dd1–e2	Sc6–a5	34.	– – –	g7:f6
11.	e3–e4	d5:c4	35.	e5:f6	Tc8–d8
12.	Ld3:c4	Sa5:c4	36.	Ta1–e1	Kh7–h8
13.	De2:c4	Dd8–c7			
14.	Dc4–d3	Lc8–d7			
15.	e4–e5	Ld6–e7			
16.	Sf3–g5	Le7:g5			
17.	Lc1:g5	Tf8–c8			
18.	Dd3–g3	Kg8–h8			
19.	Tf1–e1	c5:d4			
20.	c3:d4	Dc7–c3			
21.	Dg3–f4	Kh8–g8			
22.	Ta1–b1	b7–b6			
23.	h2–h4	Dc3:a3			
24.	h4–h5	h7–h6			

113

Die zweite kritische Stellung nach dem Läuferopfer. Kann Weiß in dieser Stellung gewinnen, wenn er gleich Dame g3–f4 spielt und erst danach Turm Tg4–g7?

37. Te1–e5	Ld3–f5
38. Tg4–g7	Td8:d4
39. Te5–b5	Tc3–c4

Marshall droht, mit dem Turm auf h4 Schach zu bieten. Er könnte dann einen heftigen Gegenangriff einleiten und das Spiel leicht zu seinen Gunsten entscheiden.

40. Dg3–e5	Df8–d6
41. g2–g4	Dd6:e5†
42. Tb5:e5	Lf5:g4

Ein überraschendes Opfer von Schwarz, der darauf vertraut, mit den Damenbauern nun schnell gewinnen zu können.

43. f3:g4	Tc4–c2†
44. Kh2–g3	Td4–d3†
45. Kg3–f4	Tc2–c4†
46. Te5–e4	Tc4:e4†
47. Kf4:e4	Td3–d7

Schwarz hat den weit vorgedrungenen Turm eingeschlossen. Wenn er aber glaubte, daß er jetzt mit seinen Damenbauern schnell gewinnen könne oder daß gar der Gegner aufgibt, so sieht er sich getäuscht. Ja-

nowsky stürzt sich noch einmal ins Getümmel, und zwar mit seinem König!

48. Ke4–f4	a5–a4
49. g4–g5	h6:g5†
50. Kf4:g5	a4–a3
51. Kg5–h6	– – –

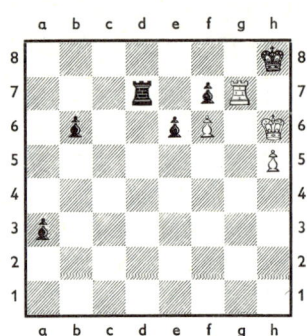

Schwarz kann nun seinen Bauern nicht einfach weiterlaufen lassen, denn Weiß gibt dann ewiges Schach, und zwar: Td7–h7†, Kh8–g8, Th7–g7†, Kg8–f8?, Kh6–h7, und Schwarz wird sogar matt. Schwarz müßte also das ewige Schach annehmen. Er schafft deshalb einen Ausgang (d7) für seinen König.

51. – – –	Td7–a7
52. Tg7–h7†	Kh8–g8
53. Th7–g7†	Kg8–f8
54. Kh6–h7	Kf8–e8
55. Kh7–g8	a3–a2
56. h5–h6	a2–a1 D

57.	h6–h7	Da1:f6
58.	h7–h8 D	– – –

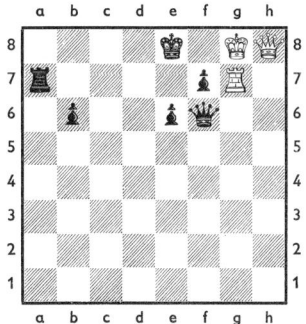

Die vierte kritische Stellung der Partie.

Beide Parteien haben nun wieder eine Dame, und aus dem interessanten Endspiel wird wieder eine Art Mittelspiel.

58.	– – –	Ke8–e7
59.	Dh8–h1	Ta7–d7
60.	Kg8–h7	Df6–f5†
61.	Kh7–h6	e6–e5
62.	Tg7–g1	Td7–d8
63.	Dh1–b7†	Df5–d7
64.	Db7–f3	Dd7–e6†
65.	Kh6–h7	De6–d5
66.	Df3–a3†	Dd5–d6
67.	Da3–c1	e5–e4
68.	Tg1–g2	Dd6–c5

Weiß ist nun zum Damentausch gezwungen, weil er sonst matt gesetzt wird. Schweren Herzens zieht er:

69.	Dc1:c5	b6:c5
70.	Tg2–g5	Ke7–f6

Hätte Schwarz nicht achtgegeben, so wäre sein Bauer e4 durch Turmschach auf e5 verlorengegangen.

71.	Tg5:c5	Td8–e8
72.	Tc5–c1	e4–e3
73.	Tc1–f1†	Kf6–e5
74.	Kh7–h6	f7–f5
75.	Kh6–h5	Ke5–e4
76.	Tf1–e1	f5–f4

In dieser Stellung gab Weiß die Partie auf, da er gegen die beiden Freibauern doch nicht aufkommen konnte.

Auch wer des öfteren Meisterturniere besucht, wird nur selten eine Partie sehen, die so packend wie diese ist. Und vor allem: Von einem Sieger und Besiegten kann man hier kaum reden, höchstens von der einseitigen Gunst der Schachgöttin!

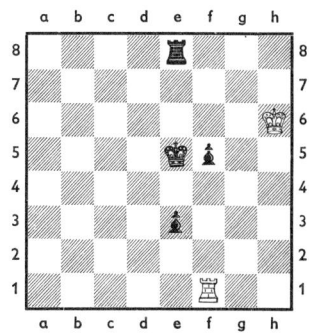

Schacholympiade 1970 in Siegen. Die Spieler im Vordergrund an den Tischen. Mannschaftsführer und Spielleiter pendeln innerhalb der Absperrung hin und her.

Kombination groß geschrieben

Rauser – Botwinnik

Diese Partie, die der spätere Weltmeister 1933 in Leningrad beim Kampf um die Meisterschaft der UdSSR gegen Rauser spielte, gehört zu den schwierigsten, uns bekannten Partien. Mit den Varianten und Problemen des hier aufgezeichneten Kampfes könnte man leicht ein eigenes Büchlein füllen. Spielt man die Partie einmal nach, so entdeckt man immer wieder neue Feinheiten und verborgene Stellungsprobleme, die dem Fortgeschrittenen einen schönen

Einblick in die Möglichkeiten des Schachs vermitteln. Schön vor allem deshalb, weil die Züge unabhängig von jeder Theorie oder schematischen Stellungsbeurteilung ganz dem Einfall entsprangen und zum Teil sogar gegen das sogenannte gute Schachempfinden verstoßen.

Wir werden hier zwar auf die wichtigsten Punkte hinweisen, aber wie bei den anderen Partien vermeiden, durch zu viele Variantenbetrachtungen den Reiz des einmaligen Spieles zu zerstören. Jeder soll selbst den Feinheiten auf die Spur kommen und die Probleme verfolgen – und sich mit wachsender Kenntnis immer wieder korrigieren. Unsinnig erscheinen uns die Analysen, die manche Möglichkeiten bis zum 15. Zug und weiter verfolgen, weil sie meistens gar nicht zwangsläufig sind, sondern nur zu beweisen trachten, daß eine Partie hätte remis gehalten werden können, wenn der Gegner Ereignisse im xten Zuge vorausgesehen hätte. Für den Verlauf einer Partie ist jedoch nur interessant, was im Rahmen dieser Partie gedacht wurde bzw. vorauszusehen war.

1.	e2–e4	c7–c5
2.	Sg1–f3	Sb8–c6
3.	d2–d4	c5:d4
4.	Sf3:d4	Sg8–f6
5.	Sb1–c3	d7–d6
6.	Lf1–e2	g7–g6
7.	Lc1–e3	– – –

Wir sehen eine der gebräuchlichsten Formen der Sizilianischen Eröffnung. Diese Eröffnung ist, wie wir wissen, durch die Anfangszüge e2–e4, c7–c5 und später durch die Entwicklung des Läufers f8 auf e7 oder g7 charakterisiert.

7.	– – –	Lf8–g7
8.	Sd4–b3	Lc8–e6

9.	f2–f4	00
10.	00	Sc6–a5

Im allgemeinen ist es ungünstig, den Springer auf Randfelder zu stellen. Hier aber soll er im nächsten Zug auf c4 weiterspringen und dann kräftig in das Spiel eingreifen. Um das zu verhindern, tauscht Weiß den Springer.

11.	Sb3:a5	Dd8:a5
12.	Le2–f3	Le6–c4
13.	Tf1–e1	Tf8–d8
14.	Dd1–d2	Da5–c7

Schwarz will dem eventuell später folgenden Zug b2–b4 ausweichen, der seine Gegenangriffsabsichten empfindlich stören könnte, zumal auf Schwarz Da5:b4, Ta1–d1 folgt.

15. Ta1–c1   – – –

Dieser Zug ist mit der Absicht gespielt worden, b2–b3 (Schwarz: Lc4–e6), Sc3–b5 und c2–c4 folgen zu lassen. Weiß hätte nach dieser Zugfolge ein sehr schönes Spiel. Wird sich Schwarz damit abfinden?

15. – – –   e7–e5
16. b2–b3   d6–d5!

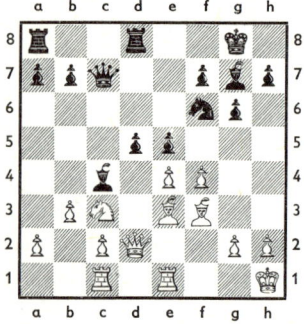

Dies ist eine jener Kombinationen, die auf viele Züge vorausgeplant und berechnet sein müssen. Der naheliegende Zug b3:c4 wird durch d5–d4 vereitelt, denn nun könnte Schwarz einen starken Angriff starten und die Figur zurückerobern. Aber Weiß findet den stärksten

Gegenzug, der überhaupt möglich ist.

17. e4:d5   e5–e4!

Weiß hat die Wahl zwischen folgenden Zügen: Lf3–e2, Lc4:d5; Sc3:d5, Sf6:d5; Le3–d4, e4–e3; Dd2–d1, Sd5–c3; Dd1–d3, Lg7:d4 und baldigen Verlust.

Auch folgende Züge stehen zur Wahl: Lf3:e4, Sf6:e4; Sc3:e4, Lc4:d5; Dd2–d3, Dc7–c6; Le3–f2, f7–f5; Se4–c3, Ld5:g2! ... und verlorene Stellung.

Oder: Sc3:e4, Sf6:d5; Kg1–h1, Sd5:e3; Dd2:c3, Lg7–d4; De3–d2, Ld4–b2; Dd2–e3, Lb2:c1; Se4–f6†, Kg8–h8; De3–c3, Lc1–d2; De3–b2, Lc4–e6; Sf6–d5† und Ld2–c3!

Diese Möglichkeit zeigt uns deutlich, wie weit Botwinnik rechnen mußte, um in einer solch schwierigen Situation nicht in den eigenen Fallstricken zu strauchlen.

18. b3:c4   e4:f3
19. c4–c5   – – –

Diese schöne Position mag Weiß in der Wahl seines Schlagwechsels bestimmt haben. Die starken Mittelbauern scheinen – aller Theorie nach – dem weißen Spiel den Vorrang zu geben, denn es ist tatsächlich kaum zu sehen, wie Schwarz aus dieser Stellung Gewinn ziehen kann. Allein hier setzt das taktische Geschick des späteren Weltmeisters ein.

19. – – –	Dc7–a5
20. Te1–d1	Sf6–g4
21. Le3–d4	f3–f2†

Das also hatte Schwarz vorgeschwebt. Schlägt Weiß den Bauern mit dem Läufer, verliert er den Springer c3. Geht er aber auf h1, folgt Turm d8:d5!

22. Kg1–f1	Da5–a6†
23. Dd2–e2	Lg7:d4
24. Td1:d4	Da6–f6
25. Tc1–d1	Df6–h4
26. De2–d3	Td8–e8

27. Td4–e4	f7–f5
28. Te4–e6	Sg4:h2†
29. Kf1–e2	Dh4:f4

Weiß gibt auf, denn er kann sich der nun folgenden Drohungen nicht mehr erwehren (f2-f1 D† oder Td1-f1, Sh2:f1, Ke2:f1 und sodann Ta8–d8!)

Wer andern eine Grube gräbt

Spielmann – Walter

Die beste Falle taugt nichts, wenn der Gegner sie durchschaut. Die Partie zwischen Großmeister Spielmann und Walter ist ein wunderschönes Beispiel dafür. Walter glaubte, den Großmeister in eine Falle locken zu können, fing sich aber letzten Endes selbst in seinen Fallstricken und ermöglichte Weiß einen vernichtenden Angriff. Nicht umsonst erhielt diese Partie in dem bekannten Turnier in Trentschin-Teplitz 1928 einen Schönheitspreis.

Für den Lernenden ist das hier aufgezeichnete Spiel besonders lehrreich, denn es zeigt, wie genau man schon die ersten Eröffnungszüge überlegen muß, will man nicht in entscheidenen Nachteil kommen. Darüber hinaus hat gerade diese Partie lustige Pointen, die ja im Schach, selbst bei erbitterten Turnierkämpfen, viel häufiger sind als gemeinhin angenommen wird. Großmeister Spielmann verstand es besonders meisterhaft, dem Schachspiel alle humoristischen und satirischen Seiten abzugewinnen, mit denen die Schachgöttin Chaissa es bedacht hat. Das ist übrigens oft charakteristisch für wirklich gute Schachspieler. Immer wieder kann man beobachten, daß sie – selbst auf Kosten der sogenannten ,,soliden Spielweise" – einem launigen Einfall folgen. Viele Vereinsspieler sollten sich daran ein Beispiel nehmen und nicht so tierisch ernst nach starren Regeln spielen.

| 1. | e2–e4 | c7–c6 |

Diese Spielart wird *Caro-Kann* genannt. Sie galt lange Zeit als nicht vollwertig, wurde aber inzwischen durch Weltmeister Botwinnik in den letzten Partien seines Weltmeisterschaftskampfes wieder ,,hoffähig" gemacht. Heute kann man die Caro-Kann-Spielweise öfters auf internationalen Turnieren beobachten.

2.	Sb1–c3	d7–d5
3.	Sg1–f3	Sg8–f6
4.	e4–e5	Sf6–e4
5.	Dd1–e2	Se4:c3
6.	d2:c3	– – –

Wir sehen schon hier, daß diese Eröffnung nicht so klar ist wie andere Zugfolgen. Im allgemeinen ist der Zug Dd1 –e2 schlecht, weil die Dame den Ausgang des Läufers verstellt. Aber Ausnahmen bestätigen die Regel: Hier wird Schwarz gezwungen, seinen Springer e4 zu ziehen. Er verliert dadurch ein Tempo. Weiß schlägt mit dem d-Bauern, um die Linie für seinen Läufer frei zu machen. Schwarz beantwortet diesen Zug mit:

| 6. | – – – | b7–b6 |

Dieser Zug scheint überflüssig. Oder hatte Schwarz die Hoffnung, seinen Läufer auf a6 entwickeln und damit in eine hervorragende Stellung bringen zu können?

In der ganzen Welt erregte der Weltmeisterschaftskampf zwischen
Bobby Fischer und Boris Spasski Aufsehen. Zum ersten Mal seit 1948
gelang es einem westlichen Spieler, die Reihe der russischen Weltmeister
zu unterbrechen. Hier Schachspieler vor einem Schaukasten in Prag.

121

7. Sf3–d4   c6–c5

Wieder macht Schwarz einen Zug, der ihn in der Entwicklung nicht voranbringt. Wahrscheinlich glaubt er, der Springer in der Mitte würde nun zurückgezogen. Wie sehr muß er von dem weißen Gegenzug überrascht worden sein:

8. e5–e6!   – – –

Im ersten Moment scheint es so, als sei Weiß seinem Gegner in eine Falle gelaufen. Aber bei näherer Betrachtung mußte Schwarz feststellen, daß er selbst hereingefallen war: Schlägt Schwarz den Springer auf d4, so wird ihm das Damenschach auf b5 zum Verhängnis. Beantwortet er diesen Zug mit Lc8–d7, greift Weiß mit e6:f7†! den König an und erobert nach dem folgenden Damenschach auf d5 den Turm a8. Schwarz entschließt sich daher, den Bauern auf e6, der ihm plötzlich soviel Sorge bereitet, zu schlagen.

8. – – –   f7:e6
9. De2–h5†   Ke8–d7

Schwarz zieht schweren Herzens den König. Mit dem Bauern g7–g6 das Schachgebot abzuwehren, hatte kei-

nen Sinn, denn Schwarz wäre dann durch Dh5–e5, Th8–g8; Sd4:e6, Le8:e6; De5:e6, Tg8–g7; Lf1–b5†, Sb7–d7; Le1–g5, Te8–c8; 000 in eine sehr unglückliche Stellung geraten. Durch seinen Königszug gelingt es ihm wenigstens, den immer noch angegriffenen weißen Springer aus der Mitte des Spielfeldes zu vertreiben.

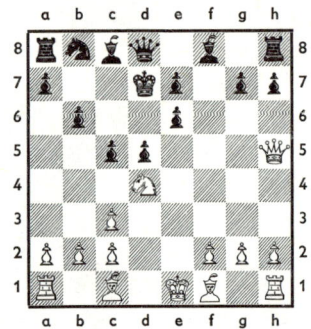

10. Sd4–f3   Kd7–c7
11. Sf3–e5   Lc8–d7
12. Se5–f7   Dd8–e8
13. Dh5–e5†   Kc7–b7

Weiß entzieht sich der Fesselung durch ein Schach und könnte nun mit dem Springer den schwarzen Turm schlagen. Aber der Großmeister findet einen noch stärkeren Zug, der ein schnelles Schachmatt verspricht:

14. Lc1–f4   c5–c4
15. De5–c7†   Kb7–a6
16. Sf7–d8   – – –

Auch jetzt nimmt Weiß den schwarzen Turm nicht, sondern zieht den Springer auf d8, um seinen Schachmattangriff zu forcieren.

16. – – –   Sb8–c6
17. Dc7–b7†   Ka6–b5

Schwarz hat keinen anderen Zug. Auf a5 kann er den König nicht ziehen, denn dann würde er nach folgenden Zügen schachmatt: Sd8 : c6†, Ld7 : c6, b2–b4†, Ka5–a4, Db7–a6††.

18. a2–a4†   Kb5–c5

Und nun folgt eine wunderschöne Opferkombination, gegen die Schwarz bereits völlig wehrlos ist.

19. Db7 : c6†   Ld7 : c6
20. Sd8 : e6††!

Der König ist mitten auf dem Feld matt gesetzt, ohne daß ihm durch seine eigenen Figuren große Hilfe zuteil werden konnte. Diese Partie ist eine Warnung für alle, die durch frühzeitiges Geplänkel ohne rechte Entwicklung den Gegner zu einem schnellen Angriff kommen lassen.

Spielen!

Zwischen dem argentinischen Großmeister Najdorf und dem sowjetischen Großmeister Boleslawsky kam es einmal zu folgendem Wortwechsel:

Najdorf: „Geben Sie die Partie remis?"
Boleslawsky: „Nein!"
Najdorf nach einigem Nachdenken: „Spielen Sie auf Gewinn?"
Boleslawsky: „Nein."
Najdorf schnell: „Also doch remis?"
Boleslawsky: „Nein."
Najdorf: „Spielen Sie auf Verlust?"
Boleslawsky: „Nein."
Najdorf: „Ja, was wollen Sie denn?"
Boleslawsky: „Spielen!"

Nicht einschüchtern lassen!

Bernstein – Fischer

Selbst bekannte Meisterspieler verlieren oft genug die Nerven, wenn sie gegen einen berühmten, international angesehenen Gegner antreten müssen. In Wirklichkeit aber sind auch Meisterspieler nicht unschlagbar. Das beweist eindeutig die Partie, die der damals kaum fünfzehnjährige Fischer gegen den sieggewohnten Meister Bernstein spielte. Sein unbefangenes Verteidigungsspiel brachte ihm schließlich sogar die Überlegenheit über den in vielen Schlachten erprobten Kämpen. Allerdings muß man zugeben, daß den jetzigen Weltmeister ein geniales Schachtalent auszeichnet. (Er ist auf diesem Gebiet schon das dritte „Wunderkind" Amerikas nach Paul Morphy, dem ersten Weltmeister, und Samuel Reshevsky).

1. e2–e4	c7–c5

Sizilianische Verteidigung

2. Sg1–f3	d7–d6
3. d2–d4	c5:d4
4. Sf3:d4	Sg8–f6
5. Sb1–c3	a7–a6
6. Lc1–g5	e7–e6
7. f2–f4	Lf8–e7
8. Dd1–f3	Sb8–d7
9. 000	Dd8–c7
10. g2–g4	b7–b5
11. Lf1–g2	Lc8–b7
12. Th1–e1	b5–b4
13. Sc3–d5!?	e6:d5
14. e4:d5	Ke8–f8

Eine Rochade ist unmöglich, da dann der Gegner den Läufer schlagen kann, der vor dem König gefesselt ist. Der König muß also ziehen, um den Läufer nicht zu verlieren.

15. Sd4–f5	Ta8–e8
16. Df3–e3	Le7–d8
17. De3–d4	Lb7–c8
18. Lg5–h4	Sd7–c5
19. Sf5:g7	Kf8:g7
20. g4–g5	Lc8–f5
21. g5:f6†	Kg7–h6

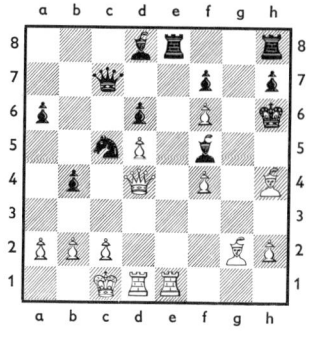

22. Dd4–c4	– – –

Dieser Zug mußte kommen, um Sc5–b3† und das nachfolgende Dc7–c2†† zu verhindern. – Fast unbemerkt hat Schwarz die Initiative ergriffen.

22, – – –	Sc5–d7
23. Dc4:c7	Ld8:c7

Schwarz spielt auf Tausch, weil er stärker ist.

24. Lg2–f3	Lc7–d8
25. Lh4–g5†	Kh6–g6
26. Te1–g1	Ld8:f6
27. Lg5–h4†	Kg6–h6
28. Lh4:f6	Sd7:f6
29. Tg1–g5	Lf5–e4
30. Td1–f1	Le4–g6

◄

Bobby Fischer war ein sogenanntes Schachwunderkind. 1958, also mit 15 Jahren, wurde er Schachmeister der USA. Noch im gleichen Jahr erhielt er in einem internationalen Turnier mit stärkster Besetzung (Portoroz, Jugoslawien) vom Weltschachbund den Titel eines Großmeisters. Das Foto zeigt ihn in seinem damaligen Kampf gegen Petrosian (UdSSR), den er 1971 im Weltmeisterschaftskampf mit 2½ zu 6½ Punkten schlug.

31.	Tf1–g1	Te8–e3	
32.	Lf3–d1	Sf6–e4	
33.	Tg5–g2	f7–f5	
34.	Ld1–e2	a6–a5	
35.	h2–h4	Te3–h3	
36.	h4–h5	Lg6:h5	
37.	Le2–d3	Lh5–g6	
38.	Tg1–f1	Th8–f8	
39.	Kc1–d1	Se4–f6	
40.	Tf1–e1	Sf6:d5	
41.	Tg2–f2	Th3–e3	
42.	Te1–g1	Te3–e7	
43.	Kd1–d2	Kh6–g7	
44.	Tf2–f3	Kg7–f6	
45.	Tg1–g5	Tf8–b8	

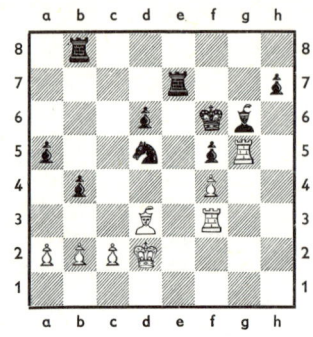

Weiß hat keine Hoffnung mehr, sich gegen dieses Über-gewicht verteidigen zu kön-nen, und gibt auf.

Nichts geht über Sicherheit

Capablanca – Brinckmann

Diese Partie des Weltmeisters wirkt wie aus einem Guß. Obwohl der deutsche Meister sehr exakt spielt und keinen Fehler macht, gerät er doch in Verlust. Wir können die Partie (gespielt 1929 in Budapest) ohne Kommentar wieder-geben, denn sie ist klar verständlich bis zum Schluß.

1.	d2–d4	d7–d5		10.	Lc1–f4	Sf6–d7
2.	c2–c4	c7–c6		11.	Lf1–g2	f7–f6
3.	Sg1–f3	Sg8–f6		12.	0–0	Lf5–e6
4.	Sb1–c3	d5:c4		13.	Sc4:e5	f6:e5
5.	a2–a4	Lc8–f5		14.	Lf4–e3	Lf8–e7
6.	Sf3–e5	Sb8–d7		15.	a4–a5	a7–a6
7.	Se5:c4	Dd8–c7		16.	Dd1–c2	0–0
8.	g2–g3!	e7–e5		17.	Tf1–d1	Ta8–e8
9.	d4:e5	Sd7:e5		18.	Sc3–d5!	Le6:d5

126

19.	Lg2:d5†	Kg8–h8	27.	Lb6–c5	Kh8–h7
20.	Ld5–e6	Sd7–f6	28.	Td7:b7	Db8–c8
21.	Le3–b6	Dc7–b8	29.	Td1–d7	– – –
22.	Le6–d7!	Sf6:d7		
23.	Td1:d7	Tf8–f6	

19. Lg2:d5†   Kg8–h8   27. Lb6–c5   Kh8–h7
20. Ld5–e6   Sd7–f6   28. Td7:b7   Db8–c8
21. Le3–b6   Dc7–b8   29. Td1–d7   – – –
22. Le6–d7!   Sf6:d7
23. Td1:d7   Tf8–f6   Schwarz gibt auf, weil er
24. Ta1–d1   Tf6–e6   nach Läufer c5–f8 sehr bald
25. Dc2–b3   Le7–f6   in entscheidenden Nachteil
26. e2–e4!   h7–h6   kommt.

Die große Falle

Eliskases – Henneberger

Selten zeigt eine Partie einen so interessanten Schluß wie
dieses Spiel zwischen Eliskases und Henneberger. Nach
einer eigenwilligen Entwicklung gehen beide Kämpen
gleichzeitig zum Angriff über. Der Kampf wird schließlich
durch eine wunderschöne Falle – hier ist dieser Ausdruck
wirklich erlaubt – für Schwarz entschieden. So kunstvoll
ist die Falle gestellt, daß jeder meinen könnte, der Gegner
habe sich verrechnet und könne nun sehr leicht schachmatt
gesetzt werden.

1. d2–d4   Sg8–f6   13. Lc1–b2   Ta8–d8
2. c2–c4   e7–e6   14. Ta1–d1   g7–g6
3. Sb1–c3   Lf8–b4   15. Sc3–e4   Sf6–h5
Nimzoind. Verteidigung   16. Se4–g3   Sh5:g3
4. e2–e3   00   17. h2:g3   De7–g5
5. Lf1–d3   d7–d6   18. Ld3–e4   Le6–g4
6. Sg1–e2   e6–e5   19. Td1–d5   Dg5–e7
7. 00   c7–c5   20. Dc2–c3   f7–f6
8. d4:e5   d6:e5   21. f2–f4   e5:f4
9. Dd1–c2   Lb4:c3   22. Tf1:f4   Sc6–e5
10. Se2:c3   Sb8–c6   23. Td5:e5   – – –
11. a2–a3   Lc8–e6   Durch das Schlagen gewinnt
12. b2–b3   Dd8–e7   Weiß für seinen Turm den

gegnerischen Springer und Läufer. Er überläßt Schwarz dafür die offenen Turmlinien.

Vor solche oder ganz ähnliche Entscheidungen ist man oft in Partien gestellt, und es gibt keine bindenden Richtlinien dafür, welcher Zug besser ist. Vielmehr bleibt es von Fall zu Fall jedem einzelnen überlassen, den besten Weg zu finden. Man sollte deshalb auch keinen Spieler tadeln, wenn sich für viele Züge später herausstellt, daß seine Entscheidung nicht richtig war. Auch der Mut spielt ja schließlich im Schach eine Rolle – und wer immer nur auf Sicherheit spielt, kann zwar ein leidlich guter Schachspieler werden, wird aber nie die Freuden des königlichen Schachspiels richtig kennenlernen. Chaissa, die Schachgöttin, liebt nun einmal Wagemut im rechten Augenblick.

Wer in erster Linie Angst vor einem verwirrenden, aufregenden Spielverlauf hat, wird nie mit großen Erfolgen rechnen können. Deshalb dürfen wir hier weder Weiß noch Schwarz für die gewagte Spielweise tadeln.

23.	– – –	Td8–d1 †
24.	Kg1–h2	f6 : e5
25.	Tf4 : g4	Tf8–f1
26.	Le4–d5†	– – –

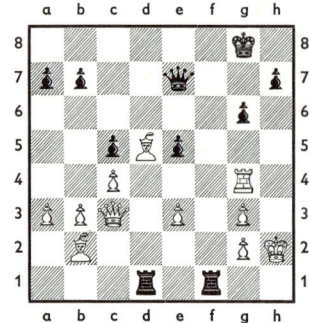

Wer gewinnt?

26. – – –   De7–f7!

Allein dieser Zug kann Schwarz retten. Ein wahrhaft verblüffendes Damenopfer, das Weiß vollkommen aus der Fassung bringt.

27. Ld5 : f7   – – –

Weiß geht in die Falle:

27. – – –   Kg8–f8!

Nun hat Weiß trotz seiner gewaltigen Streitmacht keine Möglichkeit mehr, das Schachmatt auf h1 abzuwenden, und gibt daher auf. Diese Partie, insbesondere ihre Schlußzüge sind eines genauen Studiums wert, weil sie verborgene Möglichkeiten deutlich machen.

Angriff um jeden Preis?

Keres – Petrow

Großmeister Keres, einer der ideenreichsten Meisterspieler der Weltklasse, zudem ein ausgezeichneter Kenner der Eröffnungen, spielte diese Partie in einem Moskauer Turnier 1940 gegen seinen Landsmann Petrow († 1940).

1.	e2–e4	e7–e5	17.	f4:e5	De6:g4
2.	f2–f4	d7–d5	18.	De4–e3!	Sc6:b4
3.	e4:d5	e5–e4	19.	e5–e6!	– – –

Abgelehntes Königsgambit! Schwarz hat einen Bauern geopfert – nicht Weiß, wie es eigentlich der Sinn des Königsgambits ist. Das schwarze Bauernopfer soll die Entwicklung von Weiß stören.

4.	d2–d3	Sg8–f6
5.	Sb1–d2	e4:d3
6.	Lf1:d3	Dd8:d5
7.	Sg1–f3	Lf8–c5
8.	Dd1–e2†	Dd5–e6
9.	Sf3–e5	00
10.	Sd2–e4	Sf6:e4
11.	De2:e4	g7–g6
12.	b2–b4	Lc5–e7
13.	Lc1–b2	Le7–f6
14.	000!	– – –

Weiß wirft einen Köder aus: den Bauern a2. Er soll die Dame vom Kampfe ablenken.

14.	– – –	Sb8–c6
15.	h2–h4	h7–h5
16.	g2–g4	Lf6:e5

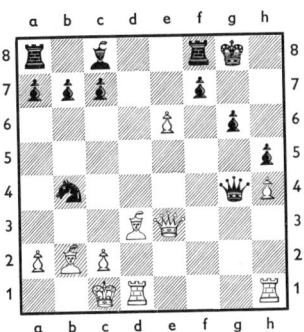

Was soll Schwarz tun?
Schlägt er den Bauern mit dem Läufer c8, verliert er nach Turm d1–g1 die Dame. Andererseits droht sowohl Dame e3–h6 als auch e6:f7†. Um die Dame zu retten, zieht Schwarz:

19. – – –   Sb4–d5

Hätte Schwarz statt dessen Dg4:e6 gezogen, so wäre nach De3–h6, f7–f6, Dh6:g6†, Kg8–h8, Dg6–h7

Schwarz schachmatt gewor-
den.

22. Td1:d5   Dg4:c4
23. De3–e8†   – – –

20.   e6:f7†   Tf8:f7
21.   Ld3–c4!   c7–c6

Schwarz gibt auf, weil im
nächsten Zug Matt folgt.

Mut zum Wagnis

Tal – Botwinnik

Im Wettkampf um die Weltmeisterschaft zwischen Botwinnik
und seinem jugendlichen Herausforderer Tal, gespielt im
Frühjahr 1960 in Moskau, trat das ein, was niemand vorauszusehen wagte: der kühne Angreifer Tal, stets auf Verwicklung bedacht, siegte gegen den bedächtigen Botwinnik, dessen präzise klare Spielführung bezeichnend für den langjährigen Weltmeister war. Mit Tal kommt der Mut zum
Abenteuer, zur Verwicklung – freilich auf dem Boden fun-
dierter Kenntnisse – wieder zum Durchbruch; das Spiel im
besten Sinne des Wortes tritt wieder in den Vordergrund.
Wir bringen nachfolgend die erste Wettkampfpartie aus dem
Weltmeisterschaftskampf.

1.   e2–e4   e7–e6
Französische Partie
2.   d2–d4   d7–d5
3.   Sb1–c3   Lf8–b4
4.   e4–e5   c7–c5
5.   a2–a3   Lb4:c3†
6.   b2:Lc3   Dd8–c7
7. Dd1–g4   f7–f5
8. Dg4–g3   Sg8–e7
9. Dg3:g7   Th8–g8
10. Dg7:h7   c5:d4
11. Ke1–d1   Lc8–d7
Man weiß, daß sowohl Tal

wie vor allem auch Botwinnik zu den hervorragendsten
Kennern der Französischen
Partie gehören. Diese außerordentlich spannende Partie
bekommt jetzt erst ihre in-
dividuelle Note.

12. Dh7–h5†   Se7–g6
13. Sg1–e2   d4–d3!
14.   c2:d3   Ld7–a4†
15. Kd1–e1   Dc7:e5
16. Lc1–g5   Sb8–c6
17.   d3–d4   De5–c7

18.	h2–h4	e6–e5
19.	Th1–h3	Dc7–f7
20.	d4:e5	Sc6:e5
21.	Th3–e3	Ke8–d7
22.	Ta1–b1	b7–b6
23.	Se2–f4	Ta8–e8
24.	Tb1–b4	La4–c6
25.	Dh5–d1	– – –

Das Spiel nimmt immer verwickeltere Formen an. Botwinnik versucht zu klären.

| 25. – – – | | Sg6:f4 |
| 26. Tb4:f4 | | Se5–g6 |

27.	Tf4–d4	Te8–e3†
28.	f2:e3	Kd7–c7
29.	c3–c4	d5:c4
30.	Lf1:c4	Df7–e8
31.	Lc4:g8	De8:g8
32.	h4–h5	

Botwinnik gibt auf, da er mit einem Bauern und der Qualität weniger den Kampf für aussichtslos hält. Schon diese eine Partie zeigt, daß die einfallsreiche Beweglichkeit Tals Stärke ist.

Die damals wohl besten Spieler der Welt: die russische Spitzenmannschaft, die 1958 in München die Mannschaftsweltmeisterschaft gewann. Das Foto zeigt von links nach rechts: Smyslow (sitzend), Weltmeister 1957–58; Weltmeister Tal (1960–61), Bronstein, Keres, Kotow, die langjährigen Weltmeister Botwinnik und Petrosian

Max Euwe (Holland), Weltmeister von 1935 bis 1937, im Kampf gegen Aljechin, gegen den er 1937 den Weltmeistertitel verteidigen mußte

Wer zuletzt lacht, lacht am besten

Geller – Euwe

Einer der gefürchtetsten Angriffsspieler ist der russische Großmeister Geller. Im Weltmeisterschafts-Kandidaten-turnier 1953 in Zürich kam es zwischen ihm und Exwelt-meister Dr. Max Euwe zu einem aufregenden Kampf, der mit einem Sieg der Verteidigung endete. Einer Verteidigung allerdings, die sich nicht einschnüren läßt, sondern den Gegenangriff immer im Auge behält. Hier offenbart sich so etwas wie das ideale Schachspiel: Nicht der gewinnt, der am schnellsten zuschlägt und den Gegner zu überrollen versucht, sondern derjenige, der den besten Überblick behält und einen kühnen Angriff mit einer kaltblütigen geistreichen Erwiderung pariert. Solche Partien sind für den Sieger wie den Besiegten gleichermaßen ehrenvoll, denn jeder hat sein Bestes hergegeben.

1.	d2–d4	Sg8–f6
2.	c2–c4	e7–e6
3.	Sb1–c3	Lf8–b4
4.	e2–e3	c7–c5

Nimzoindische Verteidigung. (Eine heute besonders beliebte Spielweise.)

5.	a2–a3	Lb4:c3†
6.	b2:c3	b7–b6
7.	Lf1–d3	Lc8–b7
8.	f2–f3	Sb8–c6
9.	Sg1–e2	00
10.	00	Sc6–a5
11.	e3–e4	Sf6–e8
12.	Se2–g3	c5:d4
13.	c3:d4	Ta8–c8
14.	f3–f4	Sa5:c4

Weiß gibt seinen Bauern her, um Schwarz abzulenken und selbst zum Königsangriff zu kommen. Dieser Gedanke, den Gegner durch Figurenangebote und -opfer in weniger günstige Stellungen zu locken, kehrt in vielen Partien wieder. Wenn allerdings der eigne Angriff fehlschlägt, so gewinnt die Gegenpartei meist das Endspiel, denn sie ist ja dann mit einer oder mehreren Figuren in Vorsprung.

15.	f4–f5	f7–f6
16.	Tf1–f4	b6–b5
17.	Tf4–h4	Dd8–b6
18.	e4–e5!	– – –

Weiß verhindert durch diesen feinen Opferzug zunächst einen schwarzen Gegenangriff!

18.	– – –	Sc4:e5
19.	f5:e6	Se5:d3
20.	Dd1:d3	Db6:e6

Schwarz richtet sich auf Verteidigung ein und hält seine Figuren doch zum Gegenangriff bereit.

| 21. | Dd3:h7† | Kg8–f7 |
| 22. | Lc1–h6 | – – – |

Unaufhaltsam dringt Weiß vor. Der letzte Zug verschärft die Lage noch weiter. Wenn es Weiß nun gelingt, die Flanke des Gegners aufzureißen und den Springer g3 auf f5 nachzuziehen, so ist Schwarz unweigerlich verloren.

Aber da ergreift Schwarz die Initiative und holt zu einem Gegenschlag aus. Im ersten Augenblick sieht zwar das Vorgehen von Schwarz wie ein Fehler aus, aber von der Gesamtkombination her gesehen ist der nun folgende Zug der einzig richtige. Es ist interessant, einmal alle Möglichkeiten dieser Stellung auszuprobieren.

22. – – –   Tf8–h8!!

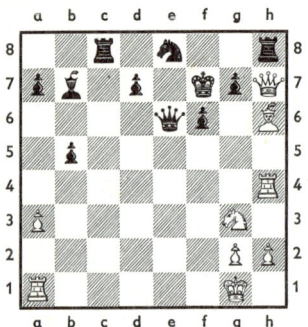

Wer kann so etwas voraussehen? Ein Turmopfer, dessen Sinn – wie schon gesagt – unklar erscheint! Jedenfalls muß es Weiß annehmen.

23. Dh7:h8   Tc8–c2
24. Ta1–c1   – – –

Dies ist die einzige Möglichkeit für Weiß, sich gegen den schwarzen Angriff zu verteidigen.

24. – – –   Tc2:g2†
25. Kg1–f1   De6–b3!!

Mit einem Schlag hat sich die gesamte Gefechtslage gewandelt.

Mit dem Turmopfer hatte Schwarz die Initiative endgültig an sich gerissen. Und schon zertrümmert er die weiße Stellung mit einem Damenangriff völlig.

Der letzte Zug ist der eigentliche Höhepunkt und die Pointe des schwarzen Gegenschlages. Was kann Weiß nun noch tun, um das Schach auf d3 oder f3 abzuwehren?

26. Kf1–e1   Db3–f3

Weiß gibt auf, da er machtlos ist, aber nicht matt gesetzt werden möchte.

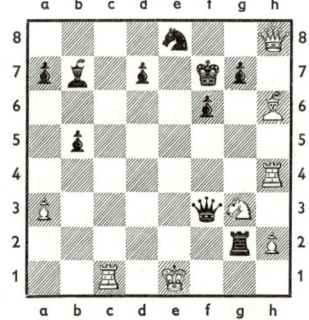

Die russische Siegermannschaft bei der Schacholympiade 1970: Puluga-jewski, Petrosian, Keres, Spasski. (Nicht auf dem Bild: Smyslow, Taimanow, Tal, Geller, Botwinnik).

Das ist doch glatter Wahnsinn

In dem Klub, dem ich vor einigen Jahren noch angehörte, waren zwei Spieler, die sich durch besondere Ausdauer oder, besser gesagt, durch ihre Spielfreudigkeit auszeichneten.

Eines Sonntagsmorgens veranstalteten wir ein Turnier, das bis zum frühen Nachmittag andauerte. Als ich in der Nacht nach einer Theatervorstellung nochmals das Restaurant aufsuchte, um meinen vergessenen Füllfederhalter abzuholen, saßen die beiden noch immer über dem Brett. Der Wirt bat mich, so quasi als Finderlohn, die beiden in meinem Wagen mitzunehmen. Ich faßte mir also ein Herz, und nach einer halben Stunde gelang es mir tatsächlich, die beiden zum Mitkommen zu überreden.

„Gut", sagte der eine schließlich, „wenn's denn sein muß, so nehmen wir das Spiel mit." Der andere nickte, und wir

135

machten uns auf. Bei der Wohnung des einen angekommen, stiegen beide aus, bedankten sich, nahmen Schachbrett und Uhr aus dem Wagen und begaben sich hinauf zur Junggesellenwohnung im Dachgeschoß. Ich bin ja in dieser Hinsicht einiges gewohnt, aber das überraschte mich denn doch. Zur Wohnung des anderen waren es wohl gut anderthalb Stunden zu laufen, denn die letzte Straßenbahn war fort. Am nächsten Spielabend erkundigte ich mich, wie lange sie noch gespielt hätten. „Bis um halb neun", war die Antwort. Ich glaubte das nicht recht, denn schließlich mußten sie doch zur Arbeit. Aber er wiederholte: „Bis um halb neun Blitzpartien, dann haben wir eine Tasse Kaffee getrunken und dann noch ein paar Partien auf die ruhige Tour gemacht." Ich fragte ihn natürlich, wie sie denn hätten blaumachen können. „Ach", sagte er freudestrahlend, „das ist ja das Gute. Wir nehmen immer beide zur gleichen Zeit Urlaub."

Auf Biegen und Brechen

Unzicker – Czerniak

Wolfgang Unzicker, mehrfacher deutscher Meister und gleichzeitig Großmeister, ist allen deutschen Schachspielern ein Begriff. In vielen internationalen Turnieren der vergangenen Jahre spielte er für Deutschland am ersten Brett, so auch in der Mannschafts-Weltmeisterschaft in Amsterdam 1954. Nach einer Reihe schöner Erfolge traf er in diesem Wettkampf auf Czerniak, den Spitzenspieler der israelischen Mannschaft. Czerniak gilt als ein Gegner, der nur sehr schwer zu schlagen ist. In dem erwähnten Turnier hatte er gegen einen der besten Spieler Rußlands unentschieden gespielt. In Unzicker und Czerniak standen sich also zwei in vielen schweren Turniere bewährte Kämpfer gegenüber. Die Zuschauer, die zu Recht einen spannenden Partieverlauf erwartet hatten, waren von dem Spiel begeistert.

1.	e2–e4	e7–e6

Französische Verteidigung

2.	d2–d4	d7–d5
3.	Sb1–c3	Sg8–f6
4.	Lc1–g5	Lf8 e7
5.	e4–e5	Sf6–d7
6.	h2–h4	a7–a6
7.	Dd1–g4	f7–f5
8.	Dg4–h5†	g7–g6
9.	Dh5–h6	Le7:g5
10.	h4:g5	Ke8–f7
11.	Sg1–e2	c7–c5

Schwarz strebt danach, seinen Königsflügel unangreifbar zu machen und die feindlichen Mittelbauern zu vernichten. Weiß möchte natürlich diese Entwicklung verhindern und forciert deshalb seinen Angriff.

12.	Se2–f4	Sd7–f8
13.	d4:c5	Sb8–c6
14.	g2–g4	– – –

Weiß greift wagemutig an. – Viele hätten an seiner Stelle wahrscheinlich auf Sicherheit gespielt und mit Springer f4–d3 und f2–f4 die Mittelbauern verteidigt.

14.	– – –	Sc6:e5
15.	Lf1–e2	Dd8–c7
16.	g4:f5	Se5–f3†
17.	Le2:f3	Dc7:f4
18.	f5–f6!	– – –

Durch dieses Vorbeiziehen

wirft Weiß alle gegnerischen Pläne über den Haufen. Schwarz hatte gehofft, mit seiner Dame im Rücken des Feindes operieren zu können und die Figuren des Gegners zum Rückzug zu zwingen. Nun muß er erst einmal seine Verteidigung mobilisieren.

18.	– – –	Th8–g8
19.	Th1–h3	Lc8–d7
20.	Sc3:d5!	– – –

Ein Figurenopfer, das von großem Weitblick zeugt.

20.	– – –	Df4–e5†
21.	Sd5–e3	– – –

Schwarz konnte das Figurenopfer nicht annehmen, da er sich die Stellung aufgerissen hätte.

21.	– – –	De5:b2
22.	Ta1–d1	Ta8–d8
23.	c5–c6!	b7:c6
24.	Ke1–f1	c6–c5
25.	Se3–c4	Ld7–b5

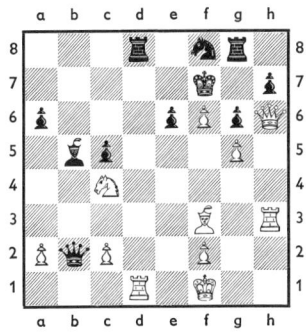

137

26. Dh6:h7†!   – – –

Eine ausgezeichnete Idee,
die Weiß endgültig den Sieg
sichert.

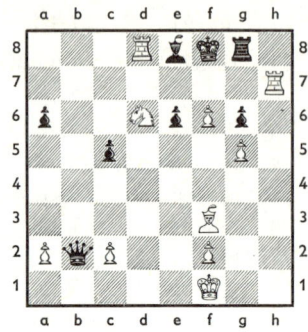

26.	– – –	Sf8:h7
27.	Th3:h7†	Kf7–f8
28.	Td1:d8†	Lb5–e8
29.	Sc4–d6	

Und Schwarz gibt auf, denn
er wird spätestens in 4 Zügen
schachmatt.

Schuster bleib bei deinem Leisten

Bogoljubow – Tarrasch

Von den beiden deutschen Schachexperten der ersten Hälfte
dieses Jahrhunderts war besonders Tarrasch ein hartnäckiger
und unerbittlicher Verteidiger einer nach starren Prinzipien
festgelegten Eröffnungslehre. Sie bestand vor allem darin,
das Zentrum mit den Mittelbauern zu besetzen und sich so
schnell wie möglich zu entwickeln. Niemand wird bestreiten,
daß diese Gedanken vollkommen richtig sind. Aber es gibt
auch Eröffnungen, die andere Ziele verfolgen. Freilich sind
sie problematischer und schwerer zu spielen. Tarrasch, der
diese Eröffnungen für nicht ganz vollwertig hielt, lenkte in
der aufgezeichneten Partie (Breslau 1925) in eine Verteidigung
ein, die ihm zwar im Grunde nicht recht behagte, deren
Grundgedanken er aber akzeptieren mußte. Er geriet also
in ein Dilemma, das jeder Schachspieler kennt: das Spiel nach
Gesichtspunkten aufbauen zu müssen, die einem nicht
liegen, und dabei in Stellungen zu kommen, die einem noch
unsympathischer sind. Bogoljubow hingegen schien sich
schon bald so recht in seinem Element zu fühlen, jedenfalls

bestimmt er fast vom ersten Zug an das Spielgeschehen, und bereits vom achten Zug an ist die Situation für Tarrasch restlos verfahren.

| 1. | e2–e4 | Sg8–f6 |

Aljechin-Verteidigung

| 2. | e4–e5 | Sf6–d5 |
| 3. | Sg1–f3 | d7–d6 |

Schwarz will die feindlichen Bauern vorlocken, um sie besser angreifen zu können. Er setzt seinen Springer scheinbar leichtfertig einer Bedrohung durch Weiß aus, behält aber in Wirklichkeit sein Ziel genau im Auge. Diese Spielweise ist eine der schwierigsten Eröffnungen, die es gibt. Neulinge des königlichen Spiels sollten sie nicht anwenden, nur zu schnell kommen sie sonst in Bedrängnis.

4.	d2–d4	Lc8–f5
5.	Lf1–d3	Lf5–g6
6.	c2–c4	Sd5–b6
7.	Ld3:g6	h7:g6
8.	e5–e6!	– – –

Und schon beginnen die Verwicklungen.

| 8. | – – – | f7–f6 |

Schwarz konnte den Bauern nicht schlagen, da er durch die weißen Gegenzüge Dd1–d3 und Dd3:g6† in Schwierigkeiten gekommen wäre. Bereits jetzt ist seine Stellung verteufelt unglücklich: Die schwarzen Figuren können kaum noch ziehen, und eine planmäßige Entwicklung ist unmöglich geworden.

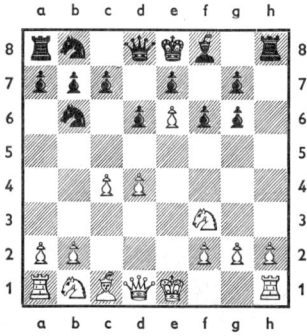

9. Dd1–d3 – – –

Immer deutlicher wird die Hilflosigkeit von Schwarz. Wir sehen hier ein Beispiel dafür, daß selbst mit allen Wassern gewaschene Meisterspieler hin und wieder in Stellungen geraten können, die sogar der Anfänger zu vermeiden sucht, weil sie das Spiel fade machen. In einer solchen Lage ist es meistens nur noch eine Frage der Zeit, wie lange der überlegene Spieler seinen Gegner zappeln läßt. Ein wirkliches Gegenspiel kommt jedenfalls nicht mehr zustande.

9. – – –   Dd8–c8

(f6–f5 lohnt sich für Schwarz nicht, da Weiß dann mit g2–g4 antwortet. Das Dilemma bliebe also das gleiche.)

10. Dd3:g6†   Ke8–d8
11. Dg6–f7   Sb6:c4
12. Sb1–d2   Sc4:d2

Wieder läßt sich Tarrasch zu einem Zug verleiten, den er in all seinen Lehren verdammte. Er schlägt mit seiner entwickelten Figur den schlechtentwickelten Springer des Gegners. Hier gewinnt Weiß außerdem noch einen Zug, nämlich:

13. Lc1:d2   g7–g5
Das war notwendig, um den Zug Sf3–h4 zu verhindern.

Großmeister Bogoljubow † (rechts) im Kampf gegen den damaligen württembergischen Meister Schuster (1952). Bogoljubow war von Geburt Russe, lebte aber in Deutschland und war wiederholt deutscher Meister

14. d4–d5   c7–c5

Tarrasch macht durch den
vorgezogenen Bauern das
Springermanöver Sf3–d4–f5
unmöglich.

15. Ld2–c3   – – –

Weiß droht mit Sf3:g5!

15. – – –   g5–g4
16. Sf3–h4   – – –

Weiß hat sein Ziel erreicht.
Schwarz muß den Springer
schlagen, weil sonst die Lage
für ihn noch schlimmer wird.

16. – – –   Th8:h4
17. Df7:f8†   Kd8–c7
18. Df8:e7†   Kc7–b6
19. De7:d6†   Kb6–b5
20. a2–a4†   Kb5–c4
21. Dd6–f4†   Kc4:d5
22. 000†

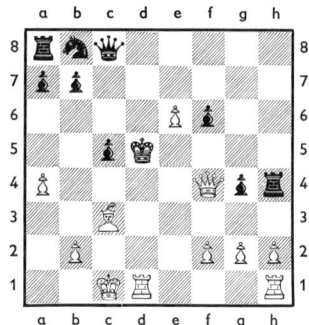

Damit ist das Schicksal des
schwarzen Königs besiegelt:
Er wird im nächsten Zug
matt. Diese Partie beweist
eindrucksvoll, wie wichtig es
für jeden Schachspieler ist,
bei seinem eigenen Stil zu
bleiben und seine Figuren
entsprechend zu entwickeln.

Wenn die Schachuhr tickt

Mancher Laie wird sich fragen, wie es möglich ist, daß ein
Schachspieler die oft stundenlangen Turnierpartien durch-
steht. Diese Frage läßt sich leicht beantworten: Der gute
Schachspieler empfindet das Spiel nicht als anstrengend,
sondern ist glücklich, wenn er seine Kräfte mit einem eben-
bürtigen Gegner messen kann. Die Zeit vergeht ihm wie im
Fluge, ja, vertieft in einen spannenden Kampf, verliert er
überhaupt jedes Zeitgefühl. Das kann so weit gehen, daß er
sogar das Ticken der Schachuhr nicht mehr hört und schließlich wegen Überschreitung der Spielzeit die Partie verliert.
Dafür bleibt ihm aber die reine Freude am Spiel erhalten.

Natürlich gibt es auch viele ehrgeizige, auf den Sieg erpichte Spieler, die immer wieder ängstlich einen Blick auf die Uhr werfen. Das Ticken der Uhr macht sie nervös, sie fühlen sich gehetzt, und der Schweiß tritt ihnen auf die Stirn.

Eine eigene Gattung für sich bilden Spieler, die zwar ehrgeizig und verbissen einen Sieg anstreben, aber trotz aller guten Vorsätze immer wieder die Uhr vergessen. Man trifft sie recht häufig. Ihre Augen sind starr auf das „Spielfeld" gerichtet und werden gläsern, wenn das Spiel sich zuspitzt. Solche Kämpen sind meistens von der Außenwelt überhaupt nicht mehr ansprechbar.

Ich hatte einen Schachfreund in Süddeutschland, der zu dem letztgenannten Typ gehörte. Obwohl er ganz ausgezeichnet spielen konnte, war er für ernste Turniere fast nicht zu gebrauchen. Brütete er erst einmal über einer schwierigen Stellung, vergaß er alles andere. Fragte man ihn etwas, so schüttelte er nur den Kopf und sah einen an, als ob man weit hinten an einem fernen, imaginären Horizont stehe und kaum zu erkennen sei. – Als wir zu einem besonders wichtigen Turnier fuhren, verabredeten wir auf seine eigene Empfehlung, wir wollten ihm, falls er für einen Zug zu lange Zeit brauche, vorsichtig die Zigarette aus der Hand nehmen. Er war Kettenraucher, und so konnte man diesen Vorschlag akzeptieren. Das Spiel begann, und nach 24 Zügen geriet er in eine sehr problematische Stellung. Nachdem er eine halbe Stunde überlegt hatte, verständigten wir uns durch Blicke. Schließlich machte sich unser Spielführer auf und griff mit spitzen Fingern nach der Zigarette. Die Peinlichkeit dieser Situation hatten wir im voraus doch nicht richtig einkalkuliert. Unser guter Freund hielt die Zigarette so fest, daß der Spielführer schließlich nur die glühende Asche zwischen den Fingern hatte. Vor Schmerz machte er eine schlenkernde Handbewegung und stieß dabei ein Glas Coca-Cola um, das sich unserem Schachfreund nun über das Spielbrett und die Hose ergoß. Der gute Mann sah geistesabwesend auf und murmelte vorwurfsvoll: „Warum muß das gerade jetzt passieren?"

Szene aus einem Simultanspiel, das der deutsche Meister (1951)
Teschner an 30 Brettern spielte. Jeder Schachspieler, der einmal versucht
hat, gegen zwei Gegner gleichzeitig zu spielen, wird sich vorstellen können,
welche Leistung es ist, gegen 30 Personen zu spielen

Frauen als Meister des Schachs

Borissenko – Keller-Herrmann

Schach ist gemeinhin nur als ein Spiel der Männer bekannt. Doch gibt es auch viele Frauen, die gut, ja sogar hervorragend spielen. Ein überzeugendes Beispiel dafür ist die hier aufgezeichnete Partie, die die deutsche Meisterin, Frau Keller-Herrmann, der starken russischen Meisterin, Frau Borissenko, lieferte. Dieser schwere Kampf – Frau Borissenko ist eine gefürchtete Gegnerin – wurde im Weltmeisterschaft-Kandidatenturnier für Frauen 1955 in Moskau ausgetragen. Er wird sicherlich in die Schachgeschichte eingehen.

1.	d2–d4	Sg8–f6
2.	c2–c4	e7–e6
3.	Sb1–c3	Lf8–b4
4.	Sg1–f3	c7–c5

Nimzoindische Verteidigung

5.	e2–e3	00
6.	Lf1–d3	d7–d5
7.	00	Sb8–c6
8.	a2–a3	Lb4–a5
9.	c4:d5	e6:d5
10.	d4:c5	La5:c3
11.	b2:c3	Lc8–g4
12.	c3–c4	Sc6–e5
13.	c4:d5	Se5:f3
14.	g2:f3	Lg4–h3

Beide Parteien spielen sehr mutig. Weiß nimmt die offene Königsstellung in Kauf, um später auf der g-Linie selbst einmal zum Angriff zu kommen. Ob diese Rechnung

aufgehen wird, muß sich erst noch zeigen.

15.	Tf1–e1	Dd8:d5
16.	Ld3–f1	Dd5–h5
17.	Lf1:h3	Dh5:h3
18.	Lc1–b2	Ta8–d8
19.	Dd1–e2	Td8–d5
20.	f3–f4	Sf6–e4
21.	Lb2–d4	Se4–g5!

Eine schöne Kombination von Schwarz.

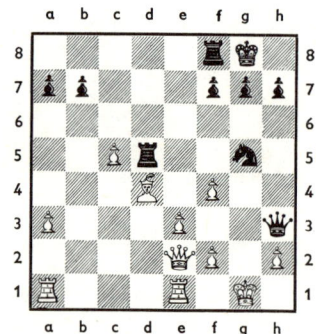

22.	f2–f3	Sg5:f3†
23.	Kg1–f2	Sf3:e1
24.	Kf2:e1	Dh3–h4†
25.	Ke1–d2	Tf8–d8
26.	Kd2–c3	Dh4–e7
27.	De2–c4	De7–e4
28.	Ta1–a2	h7–h5
29.	Ta2–b2	Td5–d7
30.	Dc4–d3	De4–d5
31.	Dd3–c4	Dd5–h1

32. Dc4–e2 Dh1–c1†

Hier überschritt die Weltmeisterin die Bedenkzeit und verlor die Partie. Natürlich hätte sie sowieso nicht mehr gewinnen können, denn Schwarz konnte mit b7–b6 die aufgerissene weiße Stellung ohne weiteres unhaltbar machen.

Das Schachspiel und die weibliche Psyche

Immer wieder hört man die Meinung, Frauen seien keine guten Schachspieler. Ich halte das für ein ausgesprochenes Vorurteil. Schließlich gibt es genügend Frauen, die bewiesen haben, daß sie das Schachspiel meisterhaft beherrschen, ja manchem Mann sogar überlegen sind. Einen Punkt sollte man allerdings immer beachten: Frauen sehen das Schachspiel im allgemeinen aus einem ganz anderen Gesichtswinkel als Männer. Für sie bleibt es mehr ein Spiel, eine Unterhaltung. Vor allem aber macht es ihnen keinen besonderen Spaß, Männer hereinzulegen oder ihnen so offensichtlich, wie es im Schach unausbleiblich ist, ihre geistige Überlegenheit zu demonstrieren. Natürlich gibt es auch hier Ausnahmen von der Regel, und hin und wieder trifft man auf Frauen, die sich überhaupt nicht darum scheren, wie ein Mann es aufnimmt, wenn er von ihnen schachmatt gesetzt wird. Ich will hier einmal ein kleines Beispiel zum besten geben. Von den ersten 50 Schachspielen meines Lebens spielte ich ungefähr 25 gegen eine junge Dame. Ich war damals noch ein schmächtiger, kaum 16jähriger Bursche und verbrachte während eines verregneten Sommers einen Kuraufenthalt in einem Hochgebirgsheim. Meine Gegnerin spielte aus-

145

gesprochen schlecht, aber mit großer Begeisterung – und das ist schließlich die Hauptsache. Obwohl ich mir bald einbildete, besser zu spielen als sie, brachte ich es doch nicht übers Herz, gegen sie zu gewinnen. Ich fürchtete, daß sie zornig werden könne – oder gar traurig, was mir noch peinlicher gewesen wäre. Jedenfalls fand sie das Schachspiel „einfach süß", und deshalb war mir in meiner Haut nie so recht wohl.

Eines Tages kam es dann tatsächlich zu dem schon so lange befürchteten Zwischenfall. Sie beging die Taktlosigkeit, mich mit den Worten „Im übernächsten Zug wirst du matt, Kleiner!" herauszufordern. Ich grübelte verbissen eine Viertelstunde und fand die Widerlegung. Und wie das oft der Fall ist, das Blatt wendete sich nun rasch. Ein paar Züge später stand sie auf Verlust. Ich wagte nicht, sie anzusehen, sondern starrte nur auf das Brett. Von Zug zu Zug spürte ich mehr, wie sich ein Gewitter zusammenzog. Einmal herausgefordert, war nun die Ehre im Spiel: Es gab keinen Pardon mehr! Meine guten Züge lagen jetzt geradezu auf der Hand, doch ich fürchtete mich fast, sie auszuführen. Und siehe da, einen Zug vor dem Sieg büßte ich unnötig die Dame ein und wurde matt. „Na also", sagte sie, und wir

Finden Sie den Gewinnzug?

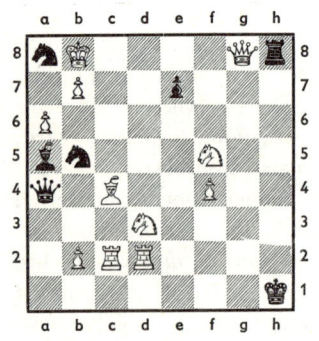

von S. Loyd
Wie kann Weiß in nur einem Zuge Schachmatt bieten? Vorsicht, lauter Fallen!

Lösung Seite 190

Schach ist mehr als ein Spiel: es ist charakterbildend. Wie kein anderes Spiel vermittelt es Ausdauer, Kombinationsgabe, geistige Beweglichkeit. Viele Schulen haben es deshalb in den Lehrplan aufgenommen

stellten das Spiel zu neuem Kampf auf. Dieser Triumph ärgerte mich denn doch. Ich riß mich zusammen – und gewann die nächste Partie. Es kam weder zu einem Zornesausbruch noch zu Tränen. Ganz im Gegenteil. Mit dem liebenswürdigsten Lächeln erklärte sie mir: ,,Hin und wieder muß man den Gegner auch mal gewinnen lassen!"

Am nächsten Tag spielten wir weiter. Und siehe da, ich gewann wieder! Kein Zornesausbruch, nein, sie gähnte vielmehr leicht und erklärte mit der größten Seelenruhe: ,,Dein Spiel langweilt mich, da pass' ich gar nicht richtig auf." Nach ein paar Tagen, als es wieder einmal regnete, bat ich sie dennoch, mit mir eine Partie zu spielen. Sie antwortete nur: ,,Ach, du weißt ja nicht, was sich gehört!" Ich war erst verdutzt, doch dann bat ich um eine Erklärung. ,,Junger Mann", meinte sie, ,,man spielt doch Schach nicht, um zu gewinnen." – ,,Warum dann?" fragte ich. ,,Oh", meinte sie, ,,um sich zu unterhalten – aber das wirst du erst in zehn Jahren verstehen!"

Eleganz und Schönheit

Richter – Abramavicius

Auf der Schacholympiade 1930 wurde die folgende Partie Kurt Richters mit einem Schönheitspreis ausgezeichnet. Sie ist besonders bezeichnend für den Stil dieses deutschen Meisters. Richter, der als Schachschriftsteller unendlich viel für das königliche Spiel geleistet hat, gehört auch zu jenen Verehrern Chaissas, die das Schach nicht nur als harten Wettkampf oder spannende Unterhaltung ansehen, sondern dem Spiel auch eine vergnügliche, humoristische Seite abgewinnen.

1.	d2–d4	Sg8–f6
2.	Sb1–c3	d7–d5
3.	Lc1–g5	e7–e6

Damenbauernspiel mit Einmündung in die Französische Partie

4.	e2–e4	d5:e4
5.	Sc3:e4	Lf8–e7
6.	Lg5:f6	Le7:f6
7.	Sg1–f3	Sb8–d7
8.	Lf1–d3	00
9.	Dd1–e2	c7–c5
10.	000	c5:d4
11.	g2–g4	g7–g6
12.	h2–h4	Lf6–g7
13.	h4–h5	Tf8–e8
14.	h5:g6	h7:g6
15.	g4–g5	e6–e5
16.	Th1–h4	Sd7–f8
17.	Td1–h1	Lc8–f5
18.	De2–f1	Ta8–c8
19.	Th4–h8†!	Lg7:h8
20.	Th1:h8†	Kg8:h8

Ein schönes Turm- und Qualitätsopfer!

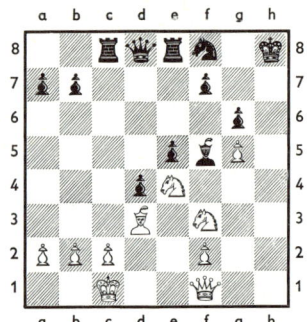

21.	Df1–h1†	Sf8–h7
22.	Se4–f6	Kh8–g7

Schwarz hätte natürlich noch mit der Dame eingreifen können.

So aber gewinnt jedoch Weiß schon in zwei Zügen:

23.	Dh1–h6†	Kg7–h8
24.	Dh6:h7††.	

Um die gute Position

Golombek – Botwinnik

Dies ist eine ausgesprochene Positionspartie, in der viele Ideen des „strategischen Schachspiels" sichtbar werden: Kampf um die Beherrschung der Mittelfelder, Streben nach einem Freibauern, exakte Verteidigung mit ständigen Gegenangriffsdrohungen usw. Zäh ringen beide Spieler um die beste Stellung.

1.	c2–c4	e7–e5
2.	Sb1–c3	d7–d6
3.	g2–g3	f7–f5

Bremer Abspiel d. Engl. Partie

4.	Lf1–g2	Sg8–f6
5.	d2–d3	g7–g6
6.	Sg1–h3	Lf8–g7
7.	0–0	0–0
8.	Lc1–d2	c7–c6
9.	Kg1–h1	Kg8–h8
10.	f2–f4	e5–e4
11.	d3 : e4	f5 : e4
12.	Sh3–f2	d6–d5
13.	c4 : d5	c6 : d5
14.	Ld2–e3	Sb8–c6
15.	Sc3–b5	Sf6–g8
16.	Le3–c5	Sg8–e7
17.	Sb5–d4	Tf8–e8
18.	Ta1–c1	b7–b6
19.	Sd4 : c6	Se7 : c6
20.	Lc5–a3	Sc6–d4
21.	Lg2–h3	Lc8 : h3
22.	Sf2 : h3	Dd8–d7
23.	Sh3–f2	Sd4–f5
24.	Dd1–b3	d5–d4

Wir sehen hier die Gewalt der schwarzen Mittelbauern. Sie beherrschen vier wichtige Felder des weißen Lagers und lähmen dadurch das Spiel Golombeks. Materiell ist Weiß noch nicht unterlegen, aber seine Position ist bereits erbärmlich schlecht.

Es ist wirklich sehr interessant zu sehen, wie der Weltmeister sein positionelles Übergewicht ausnutzt und die Figuren durch immer neue taktische Wendungen in eine Gewinnstellung führt.

25.	Tf1–d1	Dd7–b7
26.	Kh1–g1	d4–d3!

Läufer und Springer sollen beherrschend in den Kampf eingreifen. Zu diesem Zweck opfert Botwinnik scheinbar einen Bauern.

27.	e2 : d3	Sf5–d4

28. Db3–b4	a7–a5
29. Db4–d6	Sd4–e2†
30. Kg1–f1	Se2:c1
31. Td1:c1	Ta8–d8
32. Tc1–c7	Db7–a8
33. Dd6:b6	e4:d3
34. Tc7–b7	– – –

Weiß hofft, durch Dame b6–
c7 noch zu etwas Gegenspiel
zu kommen, doch Schwarz
läßt sich darauf nicht ein.

34. – – –	Td8–b8
35. Tb7:b8	Te8:b8
36. Db6–e3	Tb8–d8
37. De3–d2	Da8–d5
38. b2–b3	Dd5–d4
39. Kf1–g2	Dd4–d5†
40. Kg2–g1	Kh8–g8

Zu solchen Zügen ist man
gezwungen, wenn man in

Zeitnot gerät. Aber selbst
sie wollen gelernt sein, denn
es ist gar nicht so einfach, in
wenigen Sekunden ein paar
belanglose Züge zu machen,
die einerseits die Stellung
nicht verschlechtern dürfen,
andererseits aber die fehlende
Zeit wiedergewinnen.

41. Kg1–f1	Td8–d7
42. Dd2–e3	Td7–d8

Die Zeitkontrolle ist vorbei –
und nun gibt Weiß das Spiel
auf, denn er kann nicht verhindern, daß der Bauer d3
nach d1 weiterwandert oder
andernfalls die Dame auf h1
oder f3 mit entscheidendem
Angriff das Spiel schnell
beendet.

Ehrgeiz ist ja ganz schön

Unter Schachspielern aller Klassen gibt es ehrgeizige und
unter diesen wiederum eine ganz besondere Kategorie,
die der Ehrgeiz dazu treibt, Partien um jeden Preis zu
gewinnen. Weltmeister Aljechin zum Beispiel gehörte zu
ihnen. Wie sehr wir sein Spiel auch bewundern, weil es an
Tiefe und Erfindungsreichtum nicht überboten wurde, so
sind gewisse Methoden, deren er sich bediente, doch ein
Kapitel für sich. Einmal äußerte er vor einem Wettkampf,
daß sein Gegner doch ein rechter Stümper sei. Natürlich
ärgerte sich der Mann darüber und war durch die begreifliche
Erregung gewissermaßen schon im Nachteil.

*Samuel Reshevsky (USA) und Wassilij Smyslow (UdSSR) reichen
sich vor der Eröffnung ihrer Partie im Schachländerkampf Sowjetunion–
USA, New York 1954, die Hand. Hinter Smyslow (rechts) David
Bronstein (mit Brille), dann nach rechts: Geller und Petrosian*

Bei einem unbedeutenden Freundschaftsturnier erlebte ich
einmal folgende groteske Situation. Mein Gegner beschränkte
sich anfangs darauf, mir Zigarettenrauch ins Gesicht zu
blasen oder die Melodie aus einem Lautsprecher im Neben-
raum mitzusummen. Kaum stand ich aber besser, da erhob
sich mein Partner nach jedem Zuge, ging um den Tisch
herum, stellte sich hinter mich, lehnte sich schließlich auf
meinen Stuhl und blies mir den Rauch ins Genick. Als ich

mich umdrehte, um etwas zu sagen, lächelte er nur, und mit einem Blick auf das Brett meinte er: „So gut stehen Sie gar nicht!" Da man keine Zeit verschwenden will, denn die Uhr läuft ja, wollte ich mich zuerst auf nichts einlassen und ignorierte sein merkwürdiges Benehmen. Freilich war das vollkommen falsch. Kaum hatte ich mich wieder konzentriert, kitzelte mich eine neue Rauchwolke im Nacken. Ich drehte mich um: „Erlauben Sie mal!" – „Bitte sehr?" fragte er anscheinend ganz unbefangen. Ich sagte, mich zur Ruhe zwingend: „Ihr Rauch stört mich!" Mit einem Blick auf das Brett und im Tone wohlwollendster Liebenswürdigkeit entgegnete er: „Doch kein Grund zur Nervosität!"

Nach ein paar Zügen stand er wieder hinter mir, starrte mir aber zunächst nur ins Genick, wie mir später von Klubkameraden berichtet wurde. Da mich das nicht weiter irritierte, besann er sich auf eine andere Methode: Er setzte die Figuren nicht mehr mitten aufs Feld, sondern so, daß sie schon das nächste Feld berührten. Ich bat ihn, die Figuren zurechtrücken zu dürfen, denn das Spiel werde unübersichtlich, und er gestattete es zweimal mit einem mürrischen „Ja!"

Beim dritten Mal verbat er sich weiteres Reden während des Turniers mit der infamen Behauptung, ich wolle ihn wohl nur nervös machen. Der Turnierleiter entschied, die Figuren müßten richtig gestellt werden. Auch diese Methode war also fehlgeschlagen, und sein Spiel hatte sich nicht verbessert.

Bald darauf fiel ihm etwas Neues ein. Während ich am Zuge war, lächelte er süß-sauer und kratzte mit den Fingernägeln an der Tischplatte. Dazu summte er den Schlager „Ganz Paris träumt von der Liebe". Ich nahm mir vor, mich auch dadurch auf keinen Fall aus der Ruhe bringen zu lassen, und siehe da, nun starrte er mich unverwandt an. Als ich ihn fragend anblickte, ließ er die spitze Bemerkung fallen: „Sie tun mir leid." Inwiefern ich ihm leid täte, wollte ich wissen. „Na ja, jetzt stehen Sie auf Gewinn. Aber mit diesen Methoden – also ich würde mich schämen..."

Der Knalleffekt

Sämisch – Grünfeld

Dieses Gefecht, das sich die deutschen Großmeister Sämisch und Grünfeld lieferten, erhielt 1923 in Karlsbad den 1. Schönheitspreis und verdient mit Recht festgehalten zu werden. Es zeigt bei verhältnismäßig klarer Spielweise die großen strategischen Gesichtspunkte des Schachs. Auch hier ist wiederum sehr schön zu erkennen, wie sich aus einem ruhigen Positionsspiel bald ein sehr heftiger Angriff entwickelt.

1.	d2–d4	Sg8–f6
2.	c2–c4	e7–e6
3.	Sb1–c3	Lf8–b4
4.	a2–a3	– – –

Nimzoindische Verteidigung (Sämisch-Variante)

4.	– – –	Lb4:c3†
5.	b2:c3	d7–d6
6.	f2–f3	– – –

Dieser Zug sieht stümperhaft aus, läßt sich aber aus den nachfolgenden Zügen von Weiß gut verstehen. Großmeister Sämisch will sich ein festes Zentrum schaffen, um durch die Vielzahl der Bauern in der Brettmitte Schwarz einzuengen.

6.	– – –	00
7.	e2–e4	e6–e5
8.	Lf1–d3	Sb8–c6
9.	Sg1–e2	Sf6–d7
10.	00	b7–b6

11.	Lc1–e3	Lc8–a6
12.	Se2–g3	Sc6–a5

Schwarz versucht, den Bauern c4 zu erobern, was ihm indessen nicht gelingt.

13.	Dd1–e2	Dd8–e8
14.	f3–f4	f7–f6
15.	Tf1–f3	Kg8–h8
16.	Ta1–f1	De8–f7
17.	f4:e5	d6:e5
18.	d4–d5	Sa5–b7
19.	Sg3–f5	Sb7–d6

Schwarz zieht seine Offiziere zur Verteidigung des Königsflügels zusammen. Ohne einen offensichtlichen Fehler ist er in eine Verteidigungsstellung gedrängt worden.

20.	Tf3–h3	g7–g6
21.	Sf5–h6	Df7–g7
22.	g2–g4	g6–g5
23.	Th3–h5	Sd7–c5
24.	Le3:c5	b6:c5

25.	Tf1–f3	Dg7–e7
26.	Tf3–h3	La6–c8
27.	De2–f2	Sd6–e8
28.	Th3–f3	Se8–g7
29.	Th5–h3	Lc8–d7
30.	Th3–g3	Ld7–e8

Es sieht so aus, als habe Schwarz den weißen Angriff völlig zurückgeschlagen. Aber Weiß setzt erneut zum Sturm auf die schwarze Königsstellung an.

31.	h2–h4	g5:h4
32.	Tg3–g2	h4–h3
33.	Tf3:h3	Le8–g6
34.	Th3–f3	Ta8–b8
35.	Df2–h4	Tb8–b3
36.	Tg2–f2	Tb3:c3
37.	g4–g5!	Sg7–e8

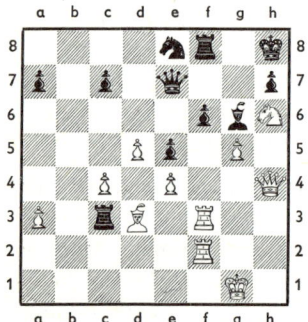

38.	g5:f6	De7–d8

Schwarz hat den Angriff nicht anders abwehren können, denn jeder andere Zug hätte ihm noch größere

Schwierigkeiten verursacht. Er hofft, durch Lf7 und weitere Umgruppierung die Partie noch retten zu können.

39. Sh6–g4   Tc3:d3

Schwarz ist gezwungen, sich durch ein Qualitätsopfer Entlastung zu schaffen.

40.	Tf3:d3	Lg6:e4
41.	Td3–e3	Se8–d6
42.	Sg4:e5	Le4–f5
43.	Tf2:f5!	– – –

Dieser Zug bricht den letzten Widerstand, obwohl er wie ein Fehlzug in bereits gewonnener Stellung aussieht.

43.	– – –	Sd6:f5
44.	Se5–g6†!	Kh8–g8
45.	Te3–e7!	– – –

Alle Figuren von Weiß sind angegriffen, und doch kann Schwarz keine einzige schlagen, ohne sofort zu verlieren. Man probiere selbst einmal, welche Folgen das Schlagen der Figuren hätte.

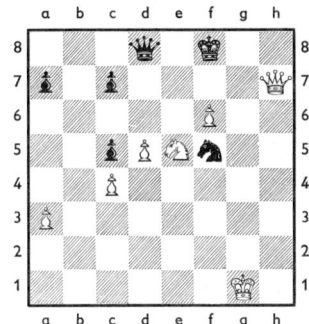

45. – – –	Tf8–f7
46. Te7:f7	Kg8:f7
47. Sg6–e5†	Kf7–f8
48. Dh4:h7	– – –

Schwarz gibt auf, da ·die letzte Rettung Dd8:f6 mit Se5–d7† beantwortet wird (Verlust der Dame).

Diplomatisches Spiel

Unzicker – Reshevsky

Eine der eindrucksvollsten Partien der Schach-Olympiade 1958 in München lieferten sich der deutsche Großmeister Unzicker und einer der besten Spieler der Welt, der Amerikaner Reshevsky. Die Partie ist zunächst verhalten, aber dann wird plötzlich ein lebhaftes „Florettfechten" daraus.

1. e2–e4	c7–c5

Sizilianische Verteidigung

2. Sg1–f3	d7–d6
3. d2–d4	c5:d4
4. Sf3:d4	Sg8–f6
5. Sb1–c3	a7–a6
6. Lf1–e2	e7–e6
7. 00	Lf8–e7
8. f2–f4	Dd8–c7
9. Le2–f3	Sb8–c6
10. Kg1–h1	00
11. Lc1–e3	– – –

Ein solider Aufbau nach der Theorie, der typisch für die Partien guter Schachspieler der modernen Schule ist. Sie versuchen nicht gleich dreinzuschlagen, sondern bauen zunächst einmal ihr Spiel sorgfältig auf.

11. – – –	Sc6–a5
12. Dd1–e1	Sa5–c4
13. Le3–c1	e6–e5
14. Sd4–f5	Lc8:f5

Wolfgang Unzicker (Deutschland) während des Europazonen-Schach-turniers 1954 in München. Unzicker siegte damals in dieser Vorent-scheidung für die Weltmeisterschaft vor Donner (Holland) und Rabar (Jugoslawien). Das Foto zeigt: Donner (links) und Unzicker (rechts) am Brett. Hinter Donner Rabar, in der Mitte der ehemalige Vizepräsi-dent des Schachverbandes, Schneider.

15. e4:f5   Ta8–c8
16. g2–g4   – – –

Unzicker versucht, einen Kö-nigsangriff einzuleiten. Wie wird Schwarz sich dagegen verteidigen?

16. – – –   e5–e4!
17. Sc3:e4   Tf8–e8
18. Se4:f6†   Le7:f6
19. Del–f2   Lf6:b2

20. Lc1:b2   Sc4:b2
21. Ta1–b1   Sb2–a4

Schwarz durfte in diesem Fall nicht etwa Dc7:c2 spie-len, denn Weiß hätte darauf sofort geantwortet: Tb1:b2! Solche eigentlich einfachen Fallen übersieht man leicht.

22. Tb1:b7   Dc7–c4
23. Df2–g2   Sa4–c3

Damit verhindert Schwarz den Zug Lf3–d5, der das schwarze Spiel tödlich bedrohen könnte.

24. g4–g5   Tc8–b8
25. Tb7–d7   Tb8–b1

Schwarz versucht mit aller Macht, sich zu entlasten.

26. Tf1:b1   Sc3:b1

Dieser Austausch von Weiß bekommt seinen eigentlichen Sinn durch den nun folgenden Zug:

27. Dg2–e2!   – – –

Schwarz könnte jetzt die Dame abtauschen, verlöre aber dadurch das Endspiel, weil Weiß noch einen Bauern gewänne (entweder denjenigen auf a6 oder auf d6).

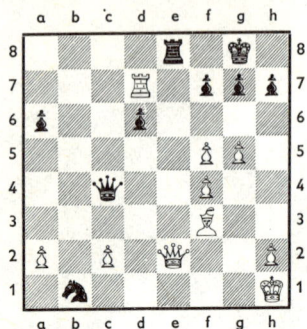

Der Turm e8 ist machtlos, denn der weiße Turm auf d7 droht mit Schachmatt, sobald Schwarz die achte Reihe aufgibt.

Aus diesen Überlegungen heraus sieht sich Schwarz zu folgendem Zug genötigt:

27. – – –   Dc4–c8
28. Td7–c7!   – – –

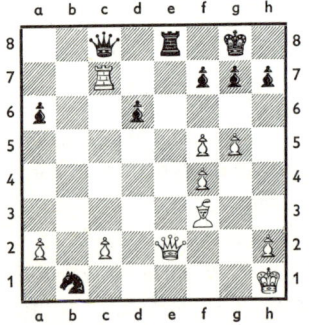

Wieder behält Weiß durch diesen sehr schönen Zug das Gesetz des Handelns in der

Hand. Schwarz antwortet mit dem Damenzug

28. – – –   Dc8–d8
29. De2–c4   d6–d5

Verzweifelte Gegenwehr.

30. Lf3:d5   Sb1–d2
31. Dc4–c6   Te8–f8

Jetzt geht entweder die Dame durch Tc7–c8 verloren, oder der Turm wird geschlagen, wenn er auf e8 zurückkehrt. Und zwar durch Ld5:f7†, Kg8–h8, Dc6:e8†

32. Tc7:f7!   Tf8:f7
33. g5–g6   h7:g6
34. f5:g6   Kg8–f8
35. g6:f7   Sd2–e4

Dieser Zug mutet wie ein ganz plumper Fehler an, spekuliert aber auf die letzte Chance, nach Ld5:e4, Dd8–d1† vielleicht noch zu einem ewigen Schach zu kommen. Weiß hat eine harte Antwort:

36. Dc6–e8†   – – –

Schwarz gibt auf, weil folgende Züge nun zwangsläufig das Spiel entscheiden: Dd8: e8, f7:e8 = D†! (Weiß würde sich natürlich eine Dame holen), Kf8:e8, Ld5: e4. Es·ist klar, daß Schwarz mit nur 2 Bauern gegen 4 Bauern und Läufer nichts mehr ausrichten kann.

Ohne das Brett zu sehen

Aljechin – Freeman

Weltmeister Aljechin war nicht nur einer der hervorragendsten Schachspieler der neueren Schachgeschichte, er war darüber hinaus ein wahres Schachphänomen, ein Schachwunder. Er trat nicht nur in Simultanpartien gegen 75 Gegner zur gleichen Zeit an – er war auch ein Meister der Blindpartie. So spielte er 1925 in einer Rekordblindvorstellung in Paris 28 Partien gleichzeitig, ohne einen Blick auf das Brett zu werfen. Wie geht so etwas vor sich? Nun, die Spieler sitzen an Tischen um den Meister herum und haben ihre Bretter vor sich stehen. Ihre Züge (zum Beispiel den Eröffnungszug e2–e4) rufen sie dem Meister zu oder geben ihm den auf einem Zettel aufgeschriebenen Zug hinüber. Der Meister antwortet dann auf dem gleichen Wege (wenn er Schwarz hat, wird er also den oben aufgeführten Eröffnungszug mit e7–e5 oder einer anderen Verteidigung beantworten und den Zug mündlich oder schriftlich mitteilen). Auf diese Weise wird die Partie bis zum Ende durchgeführt, ohne daß der Meister jemals die entsprechende Brettstellung zu Gesicht bekommt. Er behält alle Partien – hier 28 – im Kopf. Als Beispiel für diese Leistung, aber auch als Beweis, daß selbst solche Blindpartien hervorragende Meisterspiele sein können, bringen wir aus einer Blindvorstellung in New York (26 Partien!) folgenden Kampf:

1.	e2–e4	e7–e5
2.	d2–d4	e5:d4
3.	c2–c3	d7–d5

Nordisches Gambit! – Schwarz spielt die stärkste Entgegnung auf diese Eröffnung.

4.	e4:d5	Dd8:d5
5.	c3:d4	Lf8–b4†

6.	Sb1–c3	Sb8–c6
7.	Sg1–f3	Sg8–f6
8.	Lf1–e2	00
9.	00	Lb4:c3
10.	b2:c3	b7–b6

Ein strategischer Eröffnungsfehler, den Weiß sofort durch das Vorgehen seines Mittelbauern ausnützt.

11.	c3–c4	Dd5–d8
12.	d4–d5	Sc6–e7
13.	Sf3–d4	– – –

Und schon hat es Aljechin verstanden, dem weißfeldrigen Läufer seines Gegners die besten Entwicklungsfelder zu nehmen.

13.	– – –	Lc8–b7
14.	Lc1–b2	c7–c6
15.	Le2–f3	c6:d5
16.	Tf1–e1	Tf8–e8
17.	Dd1–c1	Ta8–b8
18.	Dc1–g5	Se7–g6
19.	Sd4–f5	– – –

Im Handumdrehen hat Weiß einen sehr starken Angriff aufgebaut.

19.	– – –	Te8:e1†
20.	Ta1:e1	d5:c4
21.	Lf3:b7	Tb8:b7
22.	Lb2:f6	Dd8:f6

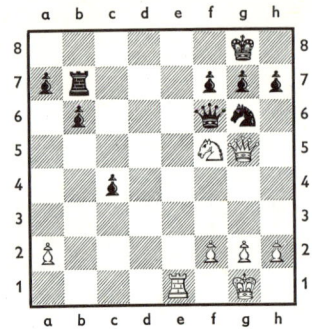

In dieser Stellung kündete Weiß ein Matt in vier Zügen an und das, wie gesagt, bei 26 Blindpartien gleichzeitig. Versuchen Sie einmal, dieses Matt allein durch Nachdenken, ohne Brett, zu finden.

23.	Te1–e8†	Sg6–f8
24.	Sf5–h6†	Df6:h6
25.	Te8:f8†	Kg8:f8
26.	Dg5–d8††	

Eben deswegen

Weltmeister Aljechin betrat auf einem Spaziergang in Paris ein kleines Café, das er häufig zu besuchen pflegte. Im Gastraum wurde auch Schach gespielt. Aljechin kiebitzte ein bißchen und wurde schließlich von einem Herrn aufgefordert, mit ihm eine Partie zu spielen. Er nahm an.

„Ich gebe Ihnen einen Turm vor", erklärte Aljechin.

„Aber wieso denn", entgegnete leicht entrüstet sein Partner, „Sie kennen mich doch überhaupt nicht!"

„Eben deswegen!" war die lakonische Antwort.

Meisterliche Taktik

Stahlberg – Aljechin

Diese Partie des schwedischen Großmeisters Stahlberg gegen
den ehemaligen Weltmeister Aljechin zeichnet sich besonders
klar in ihren 3 Phasen ab: 1. Positionell lehrreiche Entwicklung auf beiden Seiten, 2. Streben nach taktischen Verwicklungen, 3. Aufbau eines Angriffs und einer Verteidigung. Der
Kampf ist völlig ausgewogen, bis schließlich die eine Seite
den entscheidenden Einfall hat. Diese Partie ist wiederum
charakteristisch dafür, daß kein eigentlicher Fehler gemacht
werden muß, damit eine Partie verloren wird. Allein das
überlegenere Spiel entscheidet schließlich. Die Partie wurde

während der Hamburger Schacholympiade 1930 gespielt und mit dem ersten Schönheitspreis ausgezeichnet.

1.	d2–d4	Sg8–f6
2.	c2–c4	e7–e6
3.	Sb1–c3	Lf8–b4

Nimzoindische Verteidigung

4.	Dd1–b3	c7–c5
5.	d4:c5	Sb8–c6
6.	Sg1–f3	Sf6–e4
7.	Lc1–d2	Se4:c5
8.	Db3–c2	f7–f5

Dieses Spiel demonstriert die meisterliche Taktik der Eröffnung auf besonders schöne Weise und zeigt den direkten und indirekten Kampf um die Beherrschung der Mittelfelder als Ausgangsbasis für weitere Operationen.
Freilich ist die hier aufgezeichnete Behandlung des Schachspiels die allerschwerste, weil sie auf weite Sicht angelegt ist und dem Lernenden lange Zeit nicht klar genug verständlich sein dürfte. So ist z. B. gerade der letzte Zug von Schwarz f7–f5 sehr wichtig, während er in vielen anderen Spielweisen im frühen Stadium vor der Rochade geradezu zur Selbstvernichtung führt.

9.	a2–a3	Lb4:c3

10.	Ld2:c3	00
11.	b2–b4	– – –

Weiß setzt zum Gegenangriff an.

11.	– – –	Sc5–e4
12.	e2–e3	b7–b6
13.	Lf1–d3	Se4:c3
14.	Dc2:c3	Lc8–b7
15.	00	Sc6–e7

Weiß hat das Gegengewicht wiederhergestellt und versucht, auf dem Damenflügel zum Angriff zu kommen.

16.	Ld3–e2	Dd8–e8
17.	Tf1–d1	Ta8–d8
18.	a3–a4	f5–f4!

Schwarz versucht mit Gewalt, die Initiative an sich zu reißen.

19.	a4–a5	f4:e3
20.	Dc3:e3	Se7–f5
21.	De3–c3	d7–d6
22.	a5:b6	a7:b6
23.	Sf3–e1	e6–e5
24.	Ta1–a7	Sf5–d4
25.	Dc3–e3	Td8–d7

Eine versteckte Falle. Es droht Sd4:Le2†, De3:Se2, Lb7–Lf3!

26.	Ta7–a2	Td7–f7
27.	f2–f3	Tf7–f4

Noch ist der Bauer auf f3 genügend verteidigt. Doch jetzt können die gefährlichen Züge Sd4:e2†, De3:Se2, e5–e4 folgen!

28. Le2–d3   De8–h5
29. Ld3–f1   Dh5–g5

Eine schöne Idee, Tf4:f3, droht mit Damengewinn oder Schachmatt. Weiß entgegnet

30. Ta2–f2   – – –

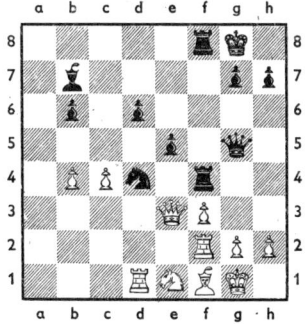

30. – – –   h7–h6!

Dieser Zug stellt die Drohung Tf4:f3 wieder her (Tf4:f3, De3:g5, Tf3:f2, Se1–d3, Tf2:f1†, Td1:f1, h6:Dg5, und Schwarz hat eine Figur gewonnen). Weiß kapituliert, da er keinen Ausweg aus dem Dilemma findet. Er zieht zwar noch

31. Kg1–h1   – – –,

um der Einkesselung zu entkommen, aber Schwarz schlägt trotzdem

31. – – –   Tf4:f3!

Obwohl alles geschützt ist, kann Weiß infolge seiner beengten Stellung den Untergang doch nicht vermeiden. Zum Beispiel die Züge: Tf2:f3, Dg5:De3, Tf3:e3, Tf8:f1††, oder De3:g5, Tf3:f2, Se1–f3, h6:Dg5 mit Turmverlust.

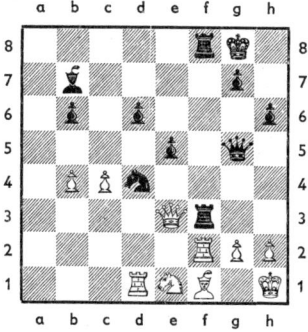

Mit vernichtender Konsequenz und andererseits doch mit brillanten Einfällen zwang hier Aljechin seinen Gegner in die Knie. Schon in den Entwicklungszügen wurde die Überlegenheit des Weltmeisters sichtbar, und selbst der glänzende Gegenangriff Stahlbergs konnte am Sieg Aljechins nichts mehr ändern.

163

Finden Sie den Gewinnzug?

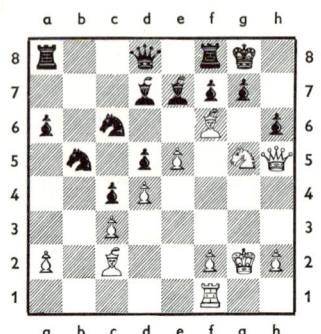

Weiß zieht

Lösung: D: h6! Und schwarz
wird matt!
Auf jeden anderen Zug ge-
winnt Schwarz durch Le7:
1.f6!

Das Urteil des Weltmeisters

Bei einem der alljährlich stattfindenden Schachturniere in
Hastings, England, gewann der Engländer Parker durch
gewagte Figurenopfer eine schwere Partie. Seine Freunde
beglückwünschten ihn stürmisch zum Sieg.

Weltmeister Aljechin nahm schließlich den jungen Mann
beiseite: ,,Etwas muß ich Ihnen sagen, mein Lieber, wenn
Sie folgerichtig gespielt hätten, so hätten Sie diese Partie
niemals gewonnen!"

Ein seltsames Unentschieden

Hamppe – Meitner

Unerfahrene Schachspieler nehmen häufig an, eine Partie,
die unentschieden ausgegangen ist, müsse auch mehr oder
weniger langweilig verlaufen sein. Das ist ein gewaltiger
Irrtum. Es gibt zahlreiche Partien, die nach wechselvollstem
Hin und Her unentschieden ausgegangen sind und die beiden
Kämpen mehr beanspruchten als jedes andere Spiel, das
durch eine überlegene Kombination oder gar einen Fehler

schnell beendet wurde. Assiacs „Vergnügliches Schachbuch"
enthält eine solche Partie, die darüber hinaus noch äußerst
kurios verläuft:

1.	e2–e4	e7–e5	10. Kb3:a4	Sa6–c5†
2.	Sb1–c3	Lf8–c5	11. Ka4–b4	a7–a5†!
3.	Sc3–a4	Lc5:f2†		
4.	Ke1:f2	Dd8–h4†		
5.	Kf2–e3	– – –		

Den Anfang dieser Partie
könnte man fast unter die
Eröffnungsfallen einreihen,
denn weder g3 noch Ke2
wären befriedigend, wie man
sich leicht überzeugen kann.

5.	– – –	Dh4–f4†
6.	Ke3–d3	d7–d5
7.	Kd3–c3	Df4:e4
8.	Kc3–b3	– – –

Eine kuriose Königswande-
rung, die aber für Weiß
immer noch am günstigsten
ist. Doch es soll noch „besser"
kommen.

8.	– – –	Sb8–a6

(droht Dame b4 schach-
matt)

9.	a2–a3	– – –

Weiß möchte sich mit Springer c3 und König a2 in Sicherheit bringen und hätte
dann tatsächlich ein ganz
leidliches Spiel. Schwarz will
das auf alle Fälle verhindern.

9.	– – –	De4:a4†

Schwarz zwingt den weißen
König in den Bereich der
schwarzen Bauern und hofft,
ihn dort, da er ja von seinen
Streitkräften völlig isoliert
ist, zur Aufgabe zwingen zu
können.

12. Kb4:c5   Sg8–e7

Man beachte: Der weiße
König kann sich nicht vom
Fleck rühren.

13. Lf1–b5†   Ke8–d8

Schwarz hätte sich gegen
dieses Schach leicht durch c7
–c6 schützen können. Da-
durch wären aber dem wei-
ßen König die Felder d6 und
b6 geöffnet worden und der
weiße König aus seiner quasi
Pattstellung befreit.

14. Lb5–c6   – – –

Eine interessante Idee.
Schlägt Schwarz den Läufer
mit dem Bauern oder dem
Springer, so ist der weiße
König gerettet. Deshalb
folgt:

14.	– – –	b7–b6†
15.	Kc5–b5	Se7:c6
16.	Kb5:c6	Lc8–b7†!!

Schlägt der König diesen Läufer, so wird er schachmatt (Kc6:Lb7, Kd8–d7, Dd1–g4†, Kd7–d6, Weiß beliebig, Th8–b8††).

17. Kc6–b5   Lb7–a6†

Flüchtet der weiße König jetzt nach a4, so folgt La6–c4 und im nächsten Zug b6–b5††. Also muß der weiße König wieder zurück.

18. Kb5–c6   – – –

Schwarz muß mit dem Läufer ewiges Schach geben, denn hätte Weiß nur einen Zug Spielraum, so würde er sich befreien und damit ge-

winnen können. Also gibt Schwarz ewiges Schach.

18. – – –   La6–b7†
19. Kc6–b5   Lb7–a6†
20. Kb5–c6 und so weiter.

Unentschieden nach einem ungewöhnlichen Spielverlauf.

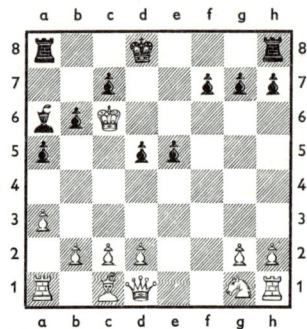

Ein mutiges Spiel

Unzicker – Keres

Im Aljechin-Gedenkturnier 1956 in Moskau, in dem sehr viele beachtenswerte Partien gespielt wurden, gelang es dem deutschen Meister Unzicker, den bekannten estnischen Großmeister Keres in hartem Kampf zu überwinden.

1. e2–e4   e7–e5
2. Sg1–f3   Sb8–c6
3. Lf1–b5   – – –

Spanische Partie

3. – – –   a7–a6
4. Lb5–a4   Sg8–f6

5. 00   Lf8–e7

Schwarz kann hier auch Sf6: d4 spielen, muß aber den Bauern nach d2–d4, d7–d5, Tf1–e1 am besten wieder hergeben, will er nicht in große Schwierigkeiten kommen.

6.	Tf1–e1	b7–b5	
7.	La4–b3	d7–d6	
8.	c2–c3	00	
9.	h2–h3	Sc6–a5	
10.	Lb3–c2	c7–c5	
11.	d2–d4	Dd8–c7	
12.	Sb1–d2	c5:d4	
13.	c3:d4	Sa5–c6	
14.	Sd2–b3	Lc8–b7	
15.	Lc1–g5	h7–h6	
16.	Lg5–h4	Sc6–b4	
17.	Lc2–b1	Ta8–c8	
18.	Te1–e2	Sf6–h5	
19.	a2–a3	Sb4–c6	
20.	d4–d5	Sc6–b8	
21.	Te2–c2	Dc7–d8	
22.	Sb3–a5	Tc8:c2	
23.	Sa5:b7	Dd8–c7	
24.	Dd1:c2	Dc7:b7	
25.	Lh4:e7	Tf8–c8	
26.	Le7:d6!	– – –	

Ein mutiger Zug. Weiß opfert die Dame für Turm, Läufer und Freibauer.

26.	– – –	Tc8:c2
27.	Lb1:c2	f7–f6

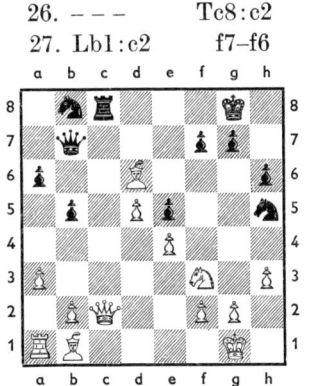

28.	Lc2–b3	Sh5–f4

So verhindert Schwarz durch ein Schach, das er mit dem Springer auf e2 geben kann, eine Besetzung der c-Linie durch den weißen Turm.

29.	Ta1–d1	Sb8–d7
30.	Td1–d2	Sd7–b6
31.	Ld6–c7!	Sb6–c4
32.	d5–d6	Sf4–e6
33.	Lc7–a5	Se6–c5
34.	La5–b4	Sc5–d7
35.	Td2–c2	a6–a5
36.	Lb4:a5	Db7:e4
37.	Sf3–d2	De4–d3
38.	Tc2:c4	Kg8–h7
39.	Lb3–c2	

Schwarz gibt auf. Es hat für ihn keinen Sinn mehr. Nach b5:c4, Lc2:d3†, c4:d3 werden der b- und a-Bauer in wenigen Zügen zu Damen durchlaufen.

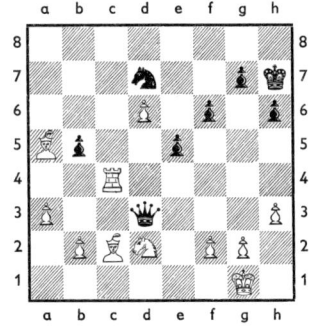

Das Original

Der interessanteste Schachklub, den ich je kennengelernt habe, tagte in einem recht schäbigen Gasthaus eines sonst sehr romantischen Schwarzwalddorfes. Der Ort hatte keine zweitausend Einwohner, aber ein gutes Dutzend aktiver Schachspieler; der älteste unter ihnen war 84 Jahre alt: Er zählte zu den besten der versammelten Strategen, vielleicht deshalb, weil er nahezu taub war und den Heidenspektakel, der in der Wirtschaft herrschte, wohl nicht lauter hörte als unsereins das Summen der Fliegen. Wenn es auch zu weit führt, seine Kleidung zu beschreiben, so will ich doch erwähnen, daß er sein Käppchen nie abnahm, es sei denn, um sich damit den Schweiß von der Stirn zu wischen, denn er spielte Schach mit einer geradezu fieberhaften Besessenheit. Schweißperlen traten ihm auf die Stirn, wenn er auf Verlust stand, und seine durch eine sehr starke Brille noch verkleinerten Schweinsäuglein funkelten einen feindselig an. Dann konnte es sein, daß er plötzlich unvermittelt mit der Faust auf den Tisch schlug, daß die Figuren nur so durcheinanderwirbelten und die Partie ein unerwartetes Ende nahm.

Als wir eines Sonntags einen Freundschaftskampf gegen diesen Verein austrugen, kam ich in den Genuß, gegen den guten Bauern, wollen wir ihn hier Häberle nennen, zu spielen. Ich war anfangs recht unbefangen, hustete zwar vergeblich gegen die Rauchwolken an, kam aber verhältnismäßig schnell in Vorteil. Doch irgendwie spürte ich ein Unbehagen. Als sich der Rauch einmal verzogen hatte, nahm Häberle die Brille ab, reinigte sie, setzte sie wieder auf und musterte mich. Ich erschrak. Unverhohlene Feindschaft lag in diesem Blick. Als ich ihn fragte, was denn los sei, legte er nur den Finger auf den Mund. Nun wußte ich damals nicht, daß er schwerhörig war, und so kam es zu einem tragischen Mißverständnis. Er klopfte sich mit dem gleichen Finger an die Schläfe, was mir nichts anderes zu bedeuten schien, als wolle er sagen: „Sie sind wohl verrückt!" Ich schluckte die Pille und spielte verdrossen weiter.

Zehn Züge später war er aufgabereif. Ich erhob mich und sah mir die anderen Partien an. Als ich wiederkam, traute ich meinen Augen nicht. Nicht er, sondern ich hätte jetzt die Partie aufgeben müssen. Da die Partien nicht mitgeschrieben worden waren, stand ich völlig schockiert da. Ich sprach mit unserem Spielführer. Der sah sich die Bescherung an, riet mir aber, keinen Skandal zu machen. Ich spielte die Partie nicht weiter, sondern gab sofort auf.

Als ich das meinem Partner glücklich beigebracht hatte, huschte ein kurzes Lächeln über sein Gesicht, er nickte und stand auf. Ich saß noch ganz verdattert am Tisch, da kam der Wirt und stellte mir ein Viertel Bocksbeutel Mauerwein-Spätlese auf den Tisch. Als ich die Bestellung zurückwies, versicherte er mir, daß mein Gegner bereits bezahlt habe. Es sei der edelste Tropfen, der hier ausgeschenkt werde. Der Wein duftete tatsächlich so mundig, daß ich mich nur schwer beherrschen konnte. Ich hatte mich auch von dieser Überraschung noch nicht erholt, da kam der Alte zurückgelatscht, klopfte mir auf die Schulter und raunte mir wohlwollend ins Ohr: „Koscht emal, Bübl! Ich mußt' heut' schon gewinne! Ich hatt' ein bißl hoch gewettet!"

Der Wille zum Sieg

Fischer – Petrosian

Jede Schachpartie beginnt unter gleichen Voraussetzungen: gleiche Anzahl der Figuren und symmetrische Aufstellung. Das ist das Bestechende an diesem Spiel.

Es hat zu der Auffassung geführt: der bessere Spieler gewinnt, der schlechtere verliert. Das ist die Regel. Aber es gibt hervorragende Kenner und Könner des Spiels, die im Turnier versagen. Die Spannung des Wettkampfs lähmt ihre Gedanken, Zeitdruck zwingt sie zu Zügen, die nicht ausreichend durchdacht sind. Der Schock plötzlich erkannter Fehlentscheidungen sowie völlig unerwartete Züge des Gegners machen das Verfolgen eigener Pläne unmöglich. Resignation greift um sich. Der Wille zum Sieg verliert sich in vagen Hoffnungen auf ein Unentschieden. Ungezählt sind die Partien, die verloren wurden, weil einer der Spieler aus nervlichen Gründen schlappmachte und den gewohnten Überblick verlor.

Niemand ist davon ganz frei. Auch Weltmeister nicht. Denn ihre Partie, ihre Turnierkämpfe werden mit größter Aufmerksamkeit verfolgt.

Unter besonderer Hochspannung stand die Partie, die Bobby Fischer gegen Tigran Petrosian im Wettkampf – übrige Welt gegen UdSSR – 1970 in Belgrad zu bestehen hatte. Petrosian, Weltmeister von 1963 bis 1969, gilt als Verteidigungskünstler ersten Ranges. Der Armenier ist dem Risiko – seien es unbekanntere Varianten, schwer durchschaubare Stellungen oder gar zweischneidige Kombinationen – gegenüber völlig abgeneigt.

Bobby Fischer, der sich einige Jahre von Turnieren ferngehalten hatte, aber stets – darin Cássius Clay nicht unähnlich – verkündete, er sei der Größte, kam nun in die Arena. Jeder Zug der beiden Schachspieler wurde in den Nebenräumen diskutiert und an einer Wandtafel demonstriert. Die Partie ist für den Anfänger ohne besonderen Reiz. Nichts Spektakuläres passiert. Sie ist aber für den Kenner von großer Faszination. Denn sie zeigt die große strategische Schachkunst Bobby Fischers, der allen Remisvarianten (unentschieden) beharrlich ausweicht, frühzeitigen Abtausch vermeidet. Fischers nur auf den Sieg gerichteter Wille verrät sich in allen taktischen Feinheiten. Und tatsächlich gelingt es ihm, den früheren Weltmeister im 17. Zug zur Aufgabe der Rochade zu veranlassen. Der Armenier kommt Zug um Zug in Entwicklungsnachteil, der Fischer eine Summierung winziger Vorteile erlaubt. Petrosian wird allmählich in immer schwierigere Defensive gedrängt. Trotz verzweifelter Gegenwehr muß er im 39. Zug die Partie aufgeben. Kein Wunder, daß Fischer nach solchen Partien zum „Angstgegner" wurde. Denn niemand konnte zwingend erklären, warum sich Petrosian im 17. Zug sozusagen mit dem Rücken an die Wand stellte. Die Partie, der man viele Seiten widmen könnte, sei sonst hier ohne jeden Kommentar wiedergegeben.

Fischer	Petrosian		Fischer	Petrosian
1. e2–e4	c7–c6		19. Le3–f2!	Db6–c7
2. d2–d4	d7–d5		20. Lf2–h4	Sf6–g8
3. e4:d5	c6:d5		21. f4–f5!	Sc6:e5
4. Lf1–d3	Sb8–c6		22. d4:e5	Ld6:e5
5. c2–c3	Sg8–f6		23. f5:e6	Le5–f6
6. Lc1–f4	Lc8–g4		24. e6:f7	Le8:f7
7. Dd1–b3	Sc6–a5		25. Sd2–f3!	Lf6:h4
8. Db3–a4†	Lg4–d7		26. Sf3:h4	Sg8–f6
9. Da4–c2	e7–e6		27. Sh4–g6†	Lf7:g6
10. Sg1–f3	Dd8–b6		28. Ld3:g6	Kf8–e7!
11. a2–a4!	Ta8–c8		29. Dc2–f5	Ke7–d8
12. Sb1–d2	Sa5–c6		30. Ta1–e1	Dc7–c5†
13. Dc2–b1	Sf6–h5		31. Kg1–h1	Th8–f8
14. Lf4–e3	h7–h6		32. Df5–e5	Tc8–c7
15. Sf3–e5	Sh5–f6		33. b2–b4	Dc5–c6
16. h2–h3	Lf8–d6		34. c3–c4!	d5:c4
17. 0–0	Ke8–f8		Zwischenstand:	
18. f2–f4	Ld7–e8		Petrosian (Schwarz): Kd8,	
			Tf8, Tc7, Dc6, Sf6	

Petrosian im Kampf gegen den zur Zeit stärksten Spieler, Robert Hübner.
Man könnte Hübner in seiner Spielkonzeption und seinem Einfalls-
reichtum mit Lasker vergleichen, Petrosian mit Capablanca.

Bauern: a7, b7, d5, g7, h7
Fischer (Weiß): Kh1, Te1,
Td1, De5, Lg6
Bauern: a4, b4, c4, g2, h3

35 Lg6–f5	Tf8–f7
36. Te1–d1†	Tf7–d7
37. Lf5:d7	Tc7:d7

38. De5–b8†	Kd8–e7
39. Td1–e1†	

Auf König e7–f7 wird
Schwarz durch den Zug Da-
me 8 schachmatt, und andere
Züge führen zum Turmver-
lust.

Nervenkrieg und Raffinesse

Spasski – Fischer

Dieses ist die dritte Partie aus dem Weltmeisterschaftskampf in Reykjavik. Sie hat keinerlei spektakuläre, aber eine
Reihe verborgener Pointen.
Spektakulär waren die Ereignisse vor Beginn dieser Partie.
Die gesamte Presse – auch Zeitungen, die sonst keine Schach-
berichterstattung bringen – berichtete darüber.
Fischers provozierende Taktik, den Kampf vielleicht doch
noch platzen zu lassen, hatte die Stimmung der am Schach
interessierten Weltöffentlichkeit gegen ihn mobilisiert. Dem
Vernehmen nach soll sich einer der bedeutendsten Diploma-
ten der USA, Präsidentenberater Kissinger, mit ihm in Ver-
bindung gesetzt haben. Der Kampf begann.
Fischer verlor die erste Partie. Man kann sagen, er warf sie
weg. Fast so, als wollte er seinem Gegner lieber eine Partie
vorgeben, als ein Unentschieden zu akzeptieren. Die zweite
Partie trat er nicht an. Grund: störende Kameras. Sie wurde
für ihn verloren gewertet.
Fischer hatte sich überreizt.
Die Erhöhung der Kasse auf 250000 Dollar war durch die
Spende eines englischen Geschäftsmannes eben noch gelungen. Doch noch immer machte der Star Schwierigkeiten.
Fischer hatte die Tatsache, der beste Spieler der westlichen
Welt zu sein, vollständig ausgereizt.
Unter dem Druck dieser Entwicklung und einer spannungs-
geladenen Atmosphäre im Turniersaal stand die dritte Partie.
Wettkämpfe wie dieser sind in nichts mehr vergleichbar der
ruhigen Analyse nachspielender Schachfreunde. Das muß
man bedenken, wenn man solche Partien nachspielt. Nerv-
lich weniger belastbare Menschen können in solchen Situationen kaum mehr klare Gedanken fassen, geschweige denn
eine Summe langzügiger Analysen kombinatorisch vergleichen. Sie müssen sich auf eine gewisse Routine verlassen.
Wie Fischer die Flucht des Weltmeisters in solche ,,hohe

173

Routine" vermeidet, ist eine der taktischen Feinheiten. Wie es ihm gelingt, eine für den Gegner nicht mehr haltbare Position Schritt für Schritt aufzubauen (am Ende des Mittelspiels für den Meisterspieler überschaubar – und Spasski gab auch sofort auf) wird erst beim näheren Studium dieser Partie zum Genuß.

Der Schachfreund wird nach Aufgabe der Partie durch den ehemaligen Weltmeister sich wohl immer noch fragen: warum eigentlich schon jetzt?

Spasski	Fischer
1. d2–d4	Sg8–F6
2. c2–c4	e7–e6
3. Sg1–f3	c7–c5
4. d4–d5	e6:d5
5. c4:d5	d7–d6
6. Sc1–c3	g7–g6
7. Sf3–d2	

Sieht aus wie ein Rückzug, der die Entwicklung hemmt. Doch er macht den von Spasski ins Auge gefaßten späteren Vorstoß und Angriffszug f4 überhaupt erst möglich.

7.	Sb8–d7
8. e2–e4	Lf8–g7
9. Lf1–e2	00
10. 00	Tf8–e8
11. Dd1–c2	.....

Sh5! Dieser Zug mit seinen Konsequenzen macht das starke weiße Gegenspiel f4 wegen Ld4 und Dh4 zu riskant. Schwarz erhält zwar einen Doppelbauern am Rand, der als schwach gilt, in dieser Position aber von Fischer sogar positionell glänzend verwertet wird.

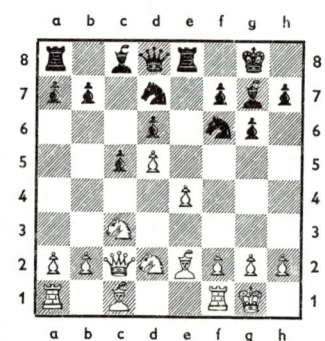

11.	Sf6–h5
12. Le2:h5	g6:Lh5
13. Sd2–c4	Sd7–e5
14. Sc4–e3	Dd8–h4
15. Le1–d2	Se5–g4
16. Se3:Sg4	h5–Sg4
17. Ld2–f4	Dh–f6
18. g2–g3	Lc8–d4

Die Kontrahenten von Reykjavik: Spasski (links), Fischer (rechts).

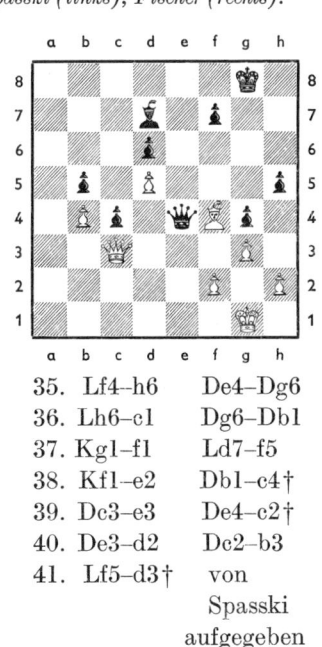

19. a2–a4	b7–b6
20. Tf1–e1	a7–a6
21. Te1–e2	b6–b5
22. Ta1–e1	Df6–g6
23. b2–b3	Te8–e7
24. Dc2–d3	Td8–b8
25. a4:b5	d6:b5
26. b2–b4	c5:c4
27. Dd3–d2	Tb8–e8
28. Te2–e3	h7–h5
29. Te3–e2	Kg8–h7
30. Te2–e3	Kh7–g8
31. Te1–e2	Lg7:Sc3
32. Dd2–Lc3	Te7:c4
33. Te3:Te4	Te8:Te4
34. Te1:Te4	Dg6:Te7

Die Partie ist positionell für
Fischer gewonnen.

35. Lf4–h6	De4–Dg6
36. Lh6–c1	Dg6–Db1
37. Kg1–f1	Ld7–f5
38. Kf1–e2	Db1–c4†
39. Dc3–e3	De4–c2†
40. De3–d2	Dc2–b3
41. Lf5–d3†	von
	Spasski
	aufgegeben

Damenopfer des Jahrhunderts?

Byrne – Fischer

Fachblätter werten diese Partie besonders enthusiastisch. Als „Spiel des Jahrhunderts" und „Sieg eines Wunderkindes, eines jungen Mozarts im Schach" hatte sie das international größte Echo, das Schachpartien vor dem Weltmeisterschaftskampf Fischer–Spasski je zuteil wurde.

Sieger dieser Partie: Robert J. Fischer, 13 Jahre alt, genannt Bobby. Sein Gegner: der renommierte Meister Donald Byrne, in einem Turnier in Manhattan 1956. Die Partie bekam den Schönheitspreis. Doch Bobby Fischer selbst zählt sie nicht einmal zu seinen 60 besten Partien. Ein Widerspruch?

Nein. Nur ein Hinweis auf die unterschiedliche Bewertung, die man Schachpartien, dem Schachspiel überhaupt entgegenbringen kann.

Fischer, Theoretiker und Schachgenie sieht es etwa so: Sein Gegner hatte zu keinem Zeitpunkt eine wirkliche Chance. Die Annahme seines Dameopfers ist eine Unterschätzung seiner Vorausberechnung, d. h. seiner Spielerqualitäten. Also eine Todsünde. Eine Partie, die einer kritischen wissenschaftlichen Untersuchung qualitätsmäßig nicht standhält, weil sie – kritisch analysiert – nachweisliche Schwächen enthält. Das ist die eine Seite; die andere: Vom Standpunkt des Spielers, der das Wagnis liebt und eine Partie nach ihren außerordentlichen Einfällen mißt, ist sie ohne Zweifel ein spannender Kampf, der noch im Nachspiel der ungewöhnlichen Kombination großen Genuß bringt. (Denn leicht durchschaubare Fehler, die nur den „Patzer" erfreuen, sind nicht erkennbar.)

So hat das Urteil der kritischen Fachwelt oft, allzuoft einen ganz anderen Blickwinkel, als die Betrachtungsweise der Schachfreunde, die im Spiel mehr Freude und Entspannung, mehr den aktuellen Wettkampf mit seinem Wechsel von Spannung und Entspannung suchen. „Ein reines Vergnügen", „hervorragend kalkuliertes Risiko", „Genuß noch für denjenigen, der von hoher Schachstrategie nichts versteht" – so lauten die spontanen Urteile.

Da dieses Buch der Freude am Spiel gewidmet ist, haben wir diese Partie aus besonderem Grund an den Schluß gestellt:

Ihr Gewinner wurde Berufsschachspieler. Er ist ein genialischer Egozentriker, wie es ihn so ausgeprägt noch kaum gegeben hat, „ein Dramatiker wie Beethoven", „ein Spinner wie Wagner", kaum erträglich für die Umwelt, doch mit begeisternden Leistungen für Zeitgenossen und Nachwelt.

Freilich, in Positionen einer Partie, die er für gewonnen oder verloren hält, „fängt der normale Spieler erst an zu denken", wie es der Schachjournalist mit nur wenig Übertreibung ausdrückte. Und doch: Gedankenblitze, ja eine gewisse Faszination kann jeder erleben, der bis zur Freude am Kombinieren kommt. Dazu muß man kein Meister werden, geschweige denn Großmeister.

Im Gegenteil! Er wird die originellen Einfälle anderer besser genießen können, weil ihm Ehrgeiz die Freude nicht schmälert.

Die Partie ist bis zum 17. Zug von Schwarz leicht verständlich. Bis zum 15. Zug könnte man sogar den Eindruck haben, daß sich Fischer in etwas beengter Position befindet, doch das ist nur der erste Eindruck.

	Byrne	Fischer
1.	Sg1–f3	Sg8–f6
2.	c2–c4	g7–g6
3.	Sb1–c3	Lf8–g7
4.	d2–d4	0–0
5.	Lc1–f4	d7–d5
6.	Dd1–b3	d5:c4
7.	Db3:c4	c7–c6
8.	e2–e4	Sb8–d7
9.	Ta1–d1	Sd7–b6
10.	Dc4–c5	Lc8–g4

11. Lf4–g5 ?   Sb6–a4 !!

Dieser Zug ist zweifellos die erste Pointe des Spiels. Er sieht aus wie ein Fehler und zeigt in allen Varianten Vorteile für Schwarz.

12.	Dc5–a3	Sa4:c3
13.	b2:c3	Sf6:e4
14.	Lg5:e7	Dd8–b6
15.	Lf1–c4	Se4:c3

| 16. | Le7–c5 | Tf8–e8 |
| 17. | Ke1–f1 | ...... |

Was würden Sie an Stelle von Schwarz hier ziehen? Doch vermutlich Sb5, um den Springer zu retten und gleichzeitig die weiße Dame zu bedrohen. Schwarz behielte immerhin den Vorteil eines Bauern und eine bessere Stellung.

Fischers nun folgender Zug

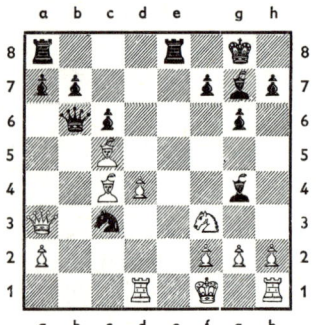

| 17. | ...... | Lg4–e6 !! |

mußte bis zum 25. Zug in vielen Abspielen vorausberechnet werden, um nicht am Ende nur ein Unentschieden zu erreichen. Das freilich war immer drin.

18.	Lc5 : b6	Le6 : c4 †
19.	Kf1–g1	Sc3–e2 †
20.	Kg1–f1	Se2 : d4 †
21.	Kf1–g1	Sd4–e2 †
22.	Kg1–f1	Se2–c3 †
23.	Kf1–g1	a7 : b6
24.	Da3–b4	Ta8–a4 !
25.	Db4 : b6	Sc3 : d1
26.	h2–h3	Ta4 : a2
27.	Kg1–h2	Sd1 : f2
28.	Th1–e1	Te8 : e1
29.	Db6–d8 †	Lg7–f8
30.	Sf3 : e1	Lc4–d5
31.	Se1–f3	Sf2–e4
32.	Dd8–b8	b7–b5
33.	h3–h4	h7–h5
34.	Sf3–e5	Kg8–g7
35.	Kh2–g1	Lf8–c5 †

Das Spiel ist lange verloren, die Dame machtlos. Aber Byrne gibt sich nicht geschlagen, kann sich nicht geschlagen geben gegen den dreizehnjährigen Fischer, der damals ja erst seine große Karriere begann.

36.	Kg1–f1	Se4–g3
37.	Kf1–e1	Lc5–b4 †
38.	Ke1–d1	Ld5–b3 †
39.	Kd1–c1	Sg3–e2 †
40.	Kc1–b1	Se2–c3 †
41.	Kb1–c1	Ta2–c2 matt.

Finden Sie den Gewinnzug?

Schwarz zieht

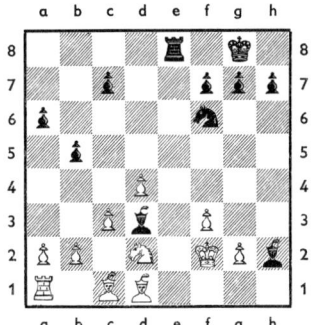

Lösung: Te8–e1! Der Turm kann nicht geschlagen werden wegen Lh2–g3 matt. Zieht nun Ld1, so folgt Te1–e2† und Kf2–f1 und dann Te2:Sd2, also Abzugsschach.

Die unsterbliche Partie

Anderssen – Kieseritzki

Vor reichlich einem Jahrhundert begeisterte eine Partie die Schachfreunde in aller Welt immer wieder von neuem: der Kampf zwischen Anderssen und Kieseritzki, der 1851 ausgetragen wurde. Auch heute – nach rund hundert Jahren – hat die Partie nichts an Frische und Eleganz eingebüßt. Selbst „versierte Meister", die sich durch alle Forschungsergebnisse und Schachtheorien hindurchgearbeitet haben, sind jedesmal wieder von diesem „Wildwest" entzückt.
Die Partie steht ganz unter der Frage: wer wird sich durchsetzen? Führt der hervorragende Angriffsplan und das mehr-

fache Opfer zum Sieg oder das materielle Übergewicht? Ein regelrechter Zweikampf entwickelt sich, spannend und stets auf des Messers Schneide.

Beide Meister waren zu ihrer Zeit weltbekannt, und Anderssen galt sogar lange als ungekrönter Weltmeister. Er hat in dieser Partie seine schärfste Angriffswaffe gewählt: das Königsgambit.

1.	e2–e4	e7–e5
2.	f2–f4	e5:f4
3.	Lf1–c4	Dd8–h4†

Königsgambit (Läufergambit)

| 4. | Ke1–f1 | – – – |

Fast sieht es so aus, als habe Weiß einen Fehler begangen, denn eine Rochade ist nun nicht mehr möglich. Aber die Stellung ist selbstverständlich von beiden Seiten beabsichtigt. Sie birgt für Schwarz wie für Weiß viele Gefahren.

| 4. | – – – | b7–b5 |

Schwarz will seine Entwicklung mit Gewalt beschleunigen und möglichst den Läufer von der Diagonalen a2–e8 ablenken.

5.	Lc4:b5	Sg8–f6
6.	Sg1–f3	Dh4–h6
7.	d2–d3	Sf6–h5
8.	Sf3–h4	c7–c6
9.	Sh4–f5	Dh6–g5

Schon ist der Kampf in vollem Gange. Weiß versucht, die Dame zu jagen. Schwarz will den für ihn wichtigen Bauern auf f4 unbedingt halten.

| 10. | g2–g4 | Sh5–f6 |
| 11. | Th1–g1 | c6:b5 |

Durch diesen Zug erobert Schwarz den Läufer. Nur nach gründlichem Studium der Stellung kann man erkennen, wie weit Weiß hier gerechnet hat. Es ist allerdings kaum zu sehen, wie die folgenden Angriffe auf die Dame den Verlust des Läufers wettmachen sollen.

12.	h2–h4	Dg5–g6
13.	h4–h5	Dg6–g5
14.	Dd1–f3	Sf6–g8

Nun ist die Pointe der weißen Spielführung klar zu erkennen. Schwarz mußte den Springer zurückentwickeln, um seine Dame zu befreien.

15.	Lc1:f4	Dg5–f6
16.	Sb1–c3	Lf8–c5
17.	Sc3–d5	Df6:b2
18.	Lf4–d6	Db2:a1†

Schwarz erobert den Turm und dringt in die hinterste Linie ein, in der Hoffnung, das weiße Spiel von hinten her aufrollen zu können. Und es sieht auch in der Tat sehr gefährlich aus.

19. Kf1–e2   Lc5 : g1

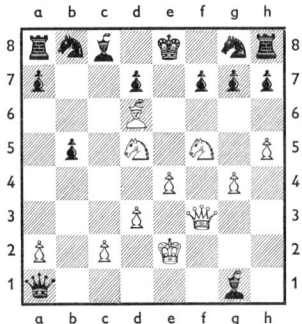

20. e4–e5!   – – –

Dieser einfache Bauernzug, ein sogenannter Zwischenzug, ist die stille Pointe des ganzen Spiels. Mit ihm isoliert Weiß die schwarze Dame und droht Schwarz mit unmittelbarer Vernichtung. Wie soll Schwarz das drohende Matt durch Springer f5 : g7†, König e8–d8, Läufer d6–c7†† abwenden?

20. – – –   Sb8–a6
21. Sf5 : g7†   Ke8–d8

Wieder sieht es so aus, als habe Schwarz die Stellung gerade noch halten können

und Weiß sich durch seine vielen Opfer verblutet. Da folgt der Zug, der die ganze Partie krönt.

22. Df3–f6†   Sg8 : f6
    23. Ld6 : e7††

Es ist kaum zu glauben: Weiß hat einen Läufer, zwei Türme und die Dame geopfert, und trotzdem ist sein Angriff durchgeschlagen. Hätte Schwarz auch nur zu einem einzigen wirklichen Gegenzug Luft bekommen, so wäre es in kurzer Zeit um das weiße Spiel geschehen gewesen.

In dieser Partie siegte wahrlich der „Geist über die Materie", der Opfermut über eine abwartende Verteidigung, die den Gegner nur durch materielle Schwächung zu überwinden sucht. Hier siegte der wahre Meister!

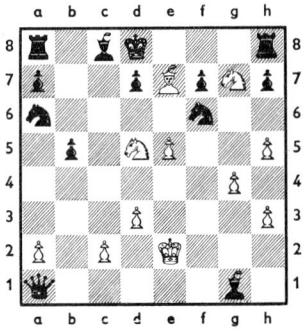

SCHACHAUFGABEN NACH PARTIEGEMÄSSEN STELLUNGEN

Zählt man Schachaufgaben noch zu den Denksportaufgaben, so sind sie zweifellos deren Krönung. Sie verlangen die gleiche Gedankenarbeit, überraschen aber vielmehr durch ihre oft verblüffenden Lösungen, ihre unerbittliche Logik und Konsequenz. Man möchte fast sagen, sie sind voller Eleganz, sind vornehm. Eine kleine Auswahl teils leichter, teils schwerer Schachaufgaben sei hier für alle angefügt, die mit Freude diesem ,,Sport'' anhängen – und für alle, die einmal ihre Kombinationsgabe prüfen wollen.

1.
Kretschmer-Laue
Schwarz ist am Zuge. Wie kann Schwarz in 4 Zügen schachmatt setzen?

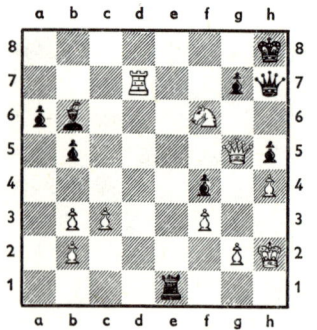

2.
Eljaschoff-v. Freymann
Wie kann Schwarz gewinnen, wenn Weiß den Springer schlägt?

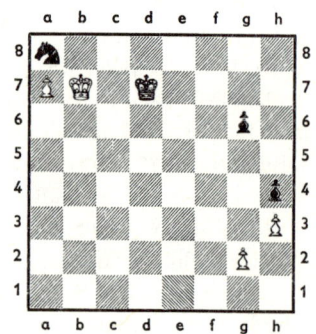

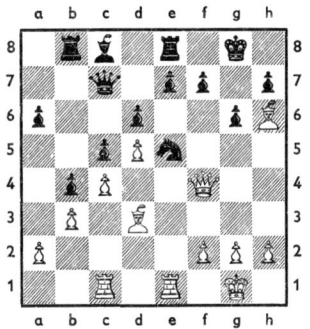

3.

Karsten-Ulrich

Wie kann Weiß gewinnen, wenn Schwarz mit dem Springer e5 den ungedeckten Läufer d3 schlägt?

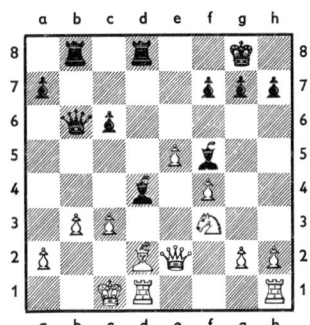

5.

Rosanes-Anderssen

Schwarz ist am Zuge. Wie setzt Schwarz in vier Zügen matt? Oder ist das vielleicht gar nicht möglich?

4.

Kieseritzki-Dumencheau

Weiß ist am Zuge. Wie setzt er seinen Gegner in drei Zügen matt?

6.

Köhnlechner-Morgen

Schwarz ist am Zuge. Wie kann Schwarz in drei Zügen schachmatt setzen?

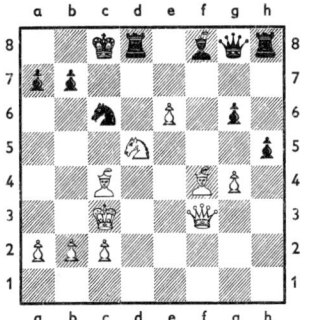

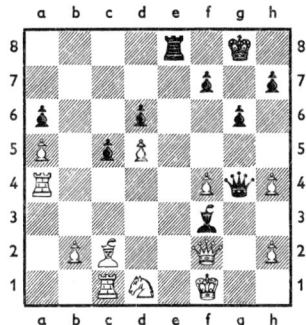

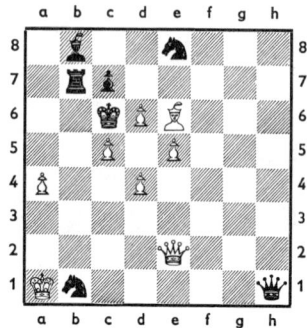

7.

von Anderssen

Weiß ist am Zuge. Wer wird in drei Zügen schachmatt? Sind die weißen Bauern stärker oder die schwarzen Offiziere?

9.

Schmidt-Hermann

Schwarz ist am Zuge. Wie setzt er in drei Zügen matt? Die weiße Stellung ist nur scheinbar stark.

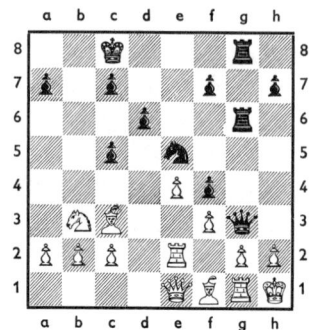

8.

Martius-Darga

Wie setzt Weiß Schwarz in spätestens fünf Zügen schachmatt?

10.

Ewald-Ditler

Weiß ist am Zuge. Wird der schwarze Angriff durchdringen?

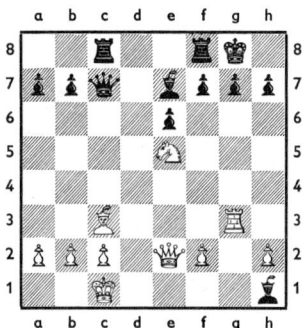

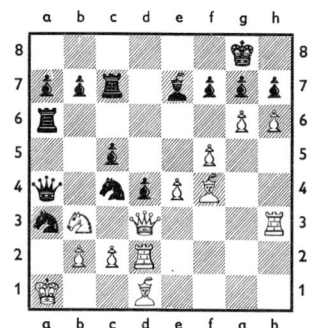

Die bisherigen Schachweltmeister

1858–1862 Paul Morphy, USA (inoffiziell)
1862–1866 Adolf Anderssen, Deutschland (inoffiziell)
1866–1894 Wilhelm Steinitz, Österreich
1894–1921 Emanuel Lasker, Deutschland
1921–1927 José Capablanca, Kuba
1927–1935 Alexander Aljechin, Rußland-Frankreich
1935–1937 Max Euwe, Niederlande
1937–1946 Alexander Aljechin, Rußland-Frankreich
1948–1957 Michael Botwinnik, Sowjetunion
1957–1958 Wassilij Smyslow, Sowjetunion
1958–1960 Michael Botwinnik, Sowjetunion
1960–1961 Michail Tal, Sowjetunion
1961–1963 Michael Botwinnik, Sowjetunion
1963–1969 Tigran Petrosian, Sowjetunion
1969–1972 Boris Spasski, Sowjetunion
1972–   Robert Fischer, USA

Deutsche Schachmeister seit 1948

1948 W. Unzicker, 1949 E. Bogoljubow, 1950 W. Unzicker, 1951
R. Teschner, 1952–54 W. Unzicker, 1955 K. Darga, (1956 fand kein
Turnier statt), 1957 P. Tröger, 1959 W. Unzicker, 1961 K. Darga,
1963 W. Unzicker, 1965 W. Unzicker und H. Pfleger, 1967 R. Hübner
und H. Besser, 1969 M. Christoph, 1970 R. Hübner, 1972 Hans
Günter Kestler.

KLEINES ABC WICHTIGER SCHACHBEGRIFFE

Abzugsschach. Wird eine Figur so gezogen, daß einer zweiten Figur die Linie, Reihe oder Diagonale auf den feindlichen König zu voll geöffnet wird, so kommt es zum Abzugsschach. Voraussetzung ist, daß zwischen dem gegnerischen König und der mit Schach drohenden Figur keine weiteren Figuren stehen, sondern eben nur die eine eigene Figur, die abgezogen werden kann. (Beispiel: Steht ein Springer zwischen dem eigenen Läufer und dem feindlichen König, so erfolgt Abzugsschach, sobald der Springer aus der Läuferdiagonale herausgezogen wird.)

aufgeben. Verzichtet ein Spieler auf die Fortführung der Partie, weil zum Beispiel seine Stellung zu aussichtslos ist oder zu viele Figuren verloren wurden, so heißt das: Er gibt auf. In diesem Falle gilt der Gegner als Sieger, obwohl es zu keiner Mattstellung gekommen ist.

berühren. Wird eine Figur berührt, so muß sie gezogen werden. Wurden mehrere Figuren berührt, dann hat der Spieler die zuerst angefaßte zu ziehen oder zu schlagen.
Ausnahmen: Diese Regel gilt nicht, wenn durch vorherige Übereinkunft zwischen den Spielern festgelegt wurde, daß die Figuren zurechtgerückt werden dürfen. Keine Anwendung findet des weiteren die Regel, falls die berührte Figur überhaupt nicht gezogen oder geschlagen werden kann.

decken. Eine Figur kann gedeckt werden, indem man sie durch eine zweite Figur so sichert, daß der Gegner sie nicht nehmen kann, ohne selbst seine angreifende Figur zu verlieren. Die Deckung lohnt sich nur, wenn die angreifende gegnerische Figur mindestens gleich viel wert ist wie die angegriffene. Man kann eine angegriffene Figur auch decken, indem man eine zweite Figur zwischen sie und den angreifenden gegnerischen Stein zieht, so daß der Gegner nicht mehr schlagen kann – bzw. nur die vorgezogene Figur und dabei selbst seine Figur verliert.

Doppelbauern. Stehen zwei Bauern derselben Partei in einer Linie hintereinander, so nennt man sie Doppelbauern.

Doppelschach. Ein Abzugsschach kann im besonderen Falle ein Doppelschach sein: Zieht eine Figur so zum Schach, daß einer zweiten Figur die Linie, Reihe oder Diagonale auf den König freigegeben wird, so bietet auch diese zweite Figur dem König Schach. (Beispiel: Zieht ein Springer, der zwischen einem eigenen Läufer und dem feindlichen König steht, zum Schach, so bietet auch der Läufer Schach, vorausgesetzt, daß keine weiteren Figuren auf der Diagonale zwischen König und Läufer stehen.)

en-passant. Zieht ein Bauer bei seinem Doppelschritt aus der Grundstellung neben einen feindlichen Bauern, so kann der Gegner ihn schlagen, als sei er nur einen Schritt vorgerückt und als stehe er dem feindlichen Bauern schräg gegenüber. Der schlagende Bauer muß dementsprechend schräg nach vorn hinter den zu schlagenden Bauern ziehen.

Freibauer. Jeder Bauer, auf dessen beiden Nachbarlinien keine anderen Bauern mehr stehen, ist ein Freibauer und *muß* mit dem Zug auf das letzte Feld der Linie in eine andere Figur verwandelt werden. In welche Figur er umgewandelt wird, ist beliebig.

Gardez. Höfliche Warnung, wenn man droht, die Dame des Gegners zu schlagen. Es besteht jedoch kein Zwang, diese Warnung auszusprechen. Heute wird allgemein kein Gardez mehr angesagt.

gefesselt. Eine Figur ist gefesselt, wenn sie zwischen dem König und einer mit Schach drohenden feindlichen Figur steht, so daß sie nicht gezogen werden kann, ohne den König einem Schach auszusetzen. Das gleiche gilt, wenn die Figur zwischen der Dame und einer gegnerischen Figur steht und nicht gezogen werden kann, weil sonst die Dame geschlagen wird. Siehe auch *decken.*

gewonnen. Die Partie ist gewonnen, wenn der Gegner schachmatt geworden ist, die Partie aufgibt oder die Spielzeit überschreitet.

Mittelbauern. Mittelbauern nennt man die Bauern des Königs und der Dame.

Opfer. Zieht man eine Figur bewußt auf ein Feld, wo sie vom Gegner geschlagen werden kann, oder entblößt man sie in voller Absicht jeder Deckung, so daß sie der Gegner ebenfalls nehmen kann, so redet man von einem Opfer. Das Opfer wird meist angewandt, um in eine bessere Stellung zu gelangen oder den Gegner in eine Falle zu locken.

patt. Siehe *remis.*

Qualität. Die Qualität gewinnt man, wenn man für eine weniger wertvolle Figur einen wertvollen Stein des Gegners eintauscht, zum Beispiel für einen Läufer einen Turm. In Punkten haben die Figuren folgenden Wert: Bauer = 1 Punkt, Läufer = 3 Punkte, Springer = 3 Punkte, Turm = $4^1/_2$ Punkte, Dame = 8 Punkte. Die Dame ist also soviel wert wie zwei Läufer und ein Springer.

regelwidrig. Verstößt ein Zug gegen die Regeln, so muß er berichtigt werden, vorausgesetzt, daß der Gegner auf den Verstoß hinweist, ehe er selbst eine Figur berührt. Ausnahmen ergeben sich nur, wenn über das Berühren der Figuren vorher spezielle Vereinbarungen getroffen wurden. Siehe „*berühren*".
Diese Regelung trifft auch zu, wenn Figuren versehentlich verrückt wurden oder nach einem Spielabbruch die Stellung unrichtig wieder aufgebaut worden ist.
Wird während der Partie festgestellt, daß bei Spielbeginn die Grundstellung der Figuren nicht stimmte, muß die Partie für ungültig erklärt werden.
Stellt sich während des Spiels heraus, daß das Schachbrett falsch liegt, wird die erreichte Stellung auf ein richtig liegendes Brett übertragen und die Partie weitergespielt. (Das Brett muß so liegen, daß es im rechten Eck der Grundreihe ein weißes Feld zeigt, desgleichen im diagonal gegenüberliegenden Eck. Die Bezifferung 1–8 muß von der Seite der weißen Partei ausgehen.)

remis. Eine Partie ist remis oder unentschieden,
1. wenn ein Spieler keine Figur mehr ziehen kann, auch nicht den König; Voraussetzung ist, daß der König nicht im Schach steht. Man sagt in diesem Falle: der König ist patt;
2. wenn beide Spieler sich auf ein Unentschieden einigen;
3. wenn ein Spieler das Unentschieden verlangt, weil der Gegner dreimal in die gleiche Stellung ziehen muß. Eine Stellung ist gleich, wenn Figuren gleicher Art und Farbe auf denselben Feldern stehen.
4. Ein am Zuge befindlicher Spieler kann ebenfalls ein Unentschieden verlangen, wenn er nachweist, daß auf beiden Seiten 50 Züge ausgeführt wurden, ohne daß eine Figur genommen oder ein Bauer gezogen wurde. Falls eine andere Zugzahl gelten soll, muß sie vor Spielbeginn vereinbart werden.

Rochade. In der Rochade werden gleichzeitig König und Turm bewegt, beide Bewegungen gelten aber als ein Zug.
Große Rochade: Der König zieht auf der Damenseite zwei Felder auf den Turm zu, und der Turm geht über den König hinweg auf das Feld, das der König überschritten hat.
Kleine Rochade: Der König und Turm bewegen sich auf die gleiche Weise wie bei der großen Rochade, nur auf der Königsseite. In beiden Fällen muß der König zuerst geführt werden.

Wird der Turm zuerst berührt, so muß er auch gezogen werden, und die Rochade wird unmöglich.

Eine Rochade ist *unmöglich*, wenn der König oder der entsprechende Turm bereits früher bewegt wurden.

Eine Rochade ist *zeitweilig unmöglich*, wenn zwischen König und Turm noch andere Figuren stehen, wenn der König im Schach steht oder die Felder zwischen König und Turm von einer feindlichen Figur bedroht werden.

Schach. Wird das Feld, auf dem der König steht, von einer feindlichen Figur bedroht, so ist dem König Schach geboten. Er muß das Schach sofort aufheben – sei es durch Schlagen der feindlichen Figur, durch Weiterziehen auf ein anderes Feld oder durch Dazwischenstellen einer Figur –, da er sonst als *matt* gilt.

Spielzeit. Turnierpartien werden allgemein auf 40 Züge in 150 Minuten festgesetzt. Die Spieler können sich die Zeit beliebig auf die einzelnen Züge verteilen. Wer die Gesamtzeit überschreitet, also in 150 Minuten nicht 40 Züge erreicht, gilt als Verlierer. Jeder Spieler muß nach dem Zug die Schachuhr „drücken". Sie zeigt nach jedem Zuge die bisher verbrauchte Zeit an. Durch Vereinbarung vor der Partie können auch andere Zeiten festgelegt werden.

Tausch. Schlägt man eine Figur des Gegners, die genausoviel wert ist wie die eigene schlagende, und nimmt der Gegner anschließend diese Figur, so redet man von einem Tausch.

Unentschieden. Siehe *remis*.

Zugzwang. Eine Partei ist im Zugzwang, wenn sie durch den Gegner gezwungen wird, eine bestimmte Figur zu ziehen, obwohl das vielleicht ungünstige Folgen hat.

Erklärung der gebräuchlichen Zeichen

00	kleine Rochade	00
000	große Rochade	0–0–0
–	die Figur *zieht* auf ein anderes Feld	–
:	die Figur *schlägt* eine gegnerische	×
†	die Figur *bietet Schach*	†
††	die Figur *setzt matt*	††
i. V.	die Figur schlägt im Vorbeiziehen (en-passant)	i. V.

Steht hinter einem Bauernzug der Großbuchstabe für eine Figur (zum Beispiel: a7–a8 D), so heißt das, der Freibauer wurde umgewandelt (hier in eine Dame).

LÖSUNGEN DER SCHACHAUFGABEN

1. 1. – – –   Te1–h1†
     2. Kh2:h1   Dh7–b1†
     3. Kh1–h2   Db1–g1†
     4. Kh2–h3   Dg1–h1 matt

2. 1. Kb7:a8   Kd7–c8
     2. g2–g4   h4:g3 i. V.
     3. h3–h4   g3–g2
     4. h4–h5   g2–g1 D
     5. h5–h6   Dg1–g2 matt

3. 1. – – –   Se5:d3
     2. Df4–f6   e7:f6
     3. Te1:e8 matt

Bei jedem anderen Zug von Schwarz erfolgt das Matt durch Df6–g7††.

4. 1. Sd5–b6†   a7:b6
     2. Df3:c6†   b7:c6
     3. Lc4–a6 matt

5. 1. – – –   Db6:b3
     2. a2:b3   Tb8:b3
     3. Ld2–e1   Ld4–e3†
     4. De2:e3   Tb3–b1 matt

6. 1. – – –   Dg4–h3†
     2. Kf1–g1   Te8–e1 †
     3. Df2:e1   Dh3–g2 matt

7. 1. De2–h5   Dh1:h5
Auf jeden anderen Zug antwortet Weiß Dh5:Se8 matt, oder Dh5:Dh1 matt.

     2. d6–d7   Dh5–f7
     3. d7–d8S matt

8. 1. Tg3:g7   Kg8–h8
     2. Tg7:g8†   Kh8:Tg8
     3. De2–g4†   Le7–g5
     4. Dg4:g5   Kg8–h8
     5. Se5:f7 matt

9. 1. – – –   Dg3:h2†
     2. Kh1:h2   Tg6–h6†
     3. De1–h4   Th6:h4 matt

10. Weiß ist schneller! Ein Versuch, den schwarzen Angriff abzuwehren, würde allerdings scheitern.

     1. g6:h7†   Kg8:h7
     2. h6:g7†   Kh7:g7
     3. Td2–g2†   Kg7–f6
     4. Th3–h6 matt
(3. Kg7–f8 beantwortet Weiß mit 4. Th3–h8 matt.)

Lösung von Seite 146
     1. b7:a8D matt!   – – –

LEHRBÜCHER FÜR ANFÄNGER UND FORTGESCHRITTENE

Lernenden, die sich mit dem Schachspiel systematisch beschäftigen möchten, seien folgende Lehrbücher empfohlen:

Tarrasch, **Das Schachspiel,** Habel-Verlag, Berlin 1957
Bogoljubow, **Schachschule,** Konkordia-Verlag, Bühl 1950, vergriffen
Beheim-Schwarzbach, **Ich lerne Schach,** v. Schröder-Verlag, Hamburg 1949
Richter, **Der Schachpraktiker,** de Gruyter-Verlag, Berlin 1953
Brinkmann, **Lehrbuch des Schachspiels,** de Gruyter-Verlag, Berlin 1952
Brinkmann, **Matt in zwanzig Zügen,** de Gruyter-Verlag, Berlin 1955

Fortgeschrittenen, die sich um die taktischen und strategischen Geheimnisse des königlichen Spiels bemühen, geben wir folgende Tips:

Smyslow, **Ausgewählte Partien**
Euwe, **Positionsspiel und Kombinationsspiel im Schach,** de Gruyter-Verlag, Berlin 1958
Aljechin, **Meine besten Partien**
Richter, **Hohe Schule der Schachtaktik,** Engelhardt-Verlag, Berlin-Frohnau 1952
Richter, **Schachmatt,** de Gruyter-Verlag, Berlin 1958
Lasker, **Moderne Schachstrategie,** de Gruyter-Verlag, Berlin 1955